薛涛传

大唐传奇才女的史诗

THE STORY OF XUETAO

君子心——著

花山文艺出版社

图书在版编目（CIP）数据

薛涛传:大唐传奇才女的史诗 / 君子心著.—石家庄:花山文艺出版社，2017.10（2020.6重印）
ISBN 978-7-5511-3608-2
Ⅰ.①薛… Ⅱ.①君… Ⅲ.①薛涛（768-832）—传记 Ⅳ.①K825.6
中国版本图书馆CIP数据核字(2017)第183333号

书　　名：薛涛传：大唐传奇才女的史诗
著　　者：君子心

责任编辑：梁东方
责任校对：杨丽英
封面设计：A BOOK STUDIO 不觉 Design 763594518
封面插画：龙轩静
美术编辑：陈　淼
出版发行：花山文艺出版社（邮政编码：050061）
（河北省石家庄市友谊北大街330号）
销售热线：0311-88643221/29/31/32/26
传　　真：0311-88643225
印　　刷：三河市金泰源印务有限公司
经　　销：新华书店
开　　本：880×1230　1/32
印　　张：8.5
字　　数：170千字
版　　次：2017年11月第1版
2020年6月第2次印刷
书　　号：ISBN 978-7-5511-3608-2
定　　价：34.80元

目　录

第一卷　生存之局

第二卷　爱情之战

第三卷　人生之境

第一卷

生存之局

我们的人生，并不能单纯地划分成明亮或黑暗。在那之间有所谓阴影的中间地带。能够认识那阴影的层次，并去理解它，才是健全的知性。

——村上春树

1. 卖身？——入局

中唐的某个明媚清晨，蜀地眉州的一个小官宦院落中，十三岁的小娘子薛涛从美梦中醒来，呼啦啦，大厦倾塌，父亲去世。生存之局，过早而残忍地拉开了帷幕。

他们本是长安人。大历十年（775 年），薛父外补蜀地眉州为官，小官吏的生涯，波澜不惊里，飘洒出一年又一年的平稳轮回。可是父亲去世了，此地既无兄弟姐妹，又无亲族相依。人去楼空的薛家宅院，丫鬟婆子走了大半，家中积蓄一点点空耗，士族子弟早已不再登门，门前倒是多了些地痞无赖。孤儿寡母，于背井离乡的凄凉里，眼睁睁沉下去，沉下去。

薛母说，有人来提亲，是妾室，对方是有些钱的买卖人，只是年纪大了些。说着，母亲逡巡着，诺诺停住了口，一种痛苦的狰狞从眼角泛滥开来。病久了的人，蔓延着坟墓里的气息，带着微微的耳语，仿佛叹息着女儿的未来。

一桩交易。败落了的官宦女儿，走投无路，也只能如此而已。

薛涛并不答母亲的话，她走出了屋子，走到院子里。她知道，母亲亦是无奈，因为那个时代，所谓“家贫人不聘，一身无所归”，所谓“绿窗贫家女，寂寞二十余。荆钗不直钱，衣上无真珠。几回人欲聘，临日又踟蹰”，娶妻重财，没有嫁妆的薛家女儿，嫁不了什么好人家的。

秋风扫过，昔日笑语依然盈盈在耳，薛涛弯腰捡起了一片叶子，放在手心静静端详，旧痕斑斑的砂红色映衬着她的家、她的夫婿、她成为贤妻良母的期盼。

在那个时代，按照普通人的生活轨道与生活走向，薛涛“本应”嫁给像父亲一样的读书士子，在大家族里的妻妾成群、明争暗斗的风花雪月里，成为王夫人、贾母……

一个正常女人的普通一生，本来如此，也本该如此，而爹爹也曾说过，会替自己找个好人家，读书人，才子，男人……

眼泪突然哗啦啦流了下来，梦想就像这千疮百孔的秋叶，戳破了心，戳破了梦，戳破了爱。原来，原来，所谓爱啊温暖啊梦想啊，都是金尊玉贵的大小姐捧着热茶坐在窗边换矫情的，现实早如手术刀一般切开了温情脉脉的世情脸。现实，不相信眼泪。从开始到现在，这似乎是注定了的局——卖身！

生存之前，十三岁的薛涛，官吏家的小娘子，清丽可人，论斤称，卖不卖？

我说了，这个局，已经很多年，并且，还会继续很多很多年……

2. 卖才？——破局

看官们也许会问，有没有既不用卖身又能生存的路？

比如薛涛白手起家，做点小生意，说不定做大了还能成为富甲一方的大老板，或者绣活做得好，说不定哪天被召入宫，然后……

建议很好，前提是你穿越过去，跟这位小娘子讲讲“商品经济”的好处，因为那个时候，商人是不能做官、不能骑马的，是只能穿白衣的“贼类”和“杂类”。

谁愿自甘下贱？

薛涛擦干眼泪，站在院子里发呆。恍惚间，突然记起八岁，父亲曾抱着她在这里吟诗，父亲一句“庭除一古桐，耸干入云中”，她是那样敏慧，立刻对出“枝迎南北鸟，叶送往来风”的好句。可是父亲并没有高兴，而是“愀然久之”，因为这样的诗句怎能出自一个良家女子之口？三从四德，女人本该一辈子交际不到几个人的，怎么能像“枝”像“叶”，任凭鸟儿风儿观览？

后人们站在时间的未来点上，自然可以得意扬扬地宣称，这正是娼妇人生的一个预言啊。爱护薛涛的粉丝们则会反驳：这只是史家惯用的伎俩，但凡历史有名之人，幼年必有一番奇异，或者龙上身或者红光满屋，抑或神人入梦。薛涛一生诡异奇特，史官自然会要八卦其童年的，或者，是薛父神经太过敏，薛涛小小年纪能对出这种奇诗，自然会引动父辈惊叹，联想，胡思乱想，于是就悲剧性“愀然”了。

但是那时那刻，小薛涛不哭了，突然嘿嘿笑起来——她没疯，她想到了一个法子，一个可以解决生存大计的法子，一个可以让自己不“卖”不嫁又不再窘迫的法子。

身体可卖，诗才难道不可卖？用诗才养活家人，岂不比给人做妾更好？

何况那个时代，吟唱成风，一个歌伎可以因为会唱《长恨歌》就身价百倍；诗人李涉半路遇强盗，因为一首诗：“暮雨潇潇江上村，绿林豪客夜知闻。他时不用逃名姓，世上如今半是君。”不仅逃得了性命，还使得杀人越货者放下屠刀，改邪归正。

李白功名不著，却可以凭诗才一跃飞入天子之家，成为玄宗皇帝的座上宾，甚至传出贵妃研墨、高力士脱靴的传说……

诗人白居易的去世，引致天子至尊的垂首，在宣宗“缀玉联珠六十年，谁教冥路作诗仙。浮云不系名居易，造化无为字乐天。童子解吟长恨曲，胡儿能唱琵琶篇。文章已满行人耳，一度思卿一怆然”

的字字句句中，是多少权力向文学低头的尊贵？

在这样一个重视诗才、尊重诗才的吟唱时代，她既然有诗才，为什么不卖？

小姑娘想到这个主意，欢喜得几乎要跳起来，自幼年开始，自己的才华在眉州闺阁里就鼎鼎有名，天才儿童们的成长总是伴随着一种自信——才学出众的小薛涛，终于想出了一条可以“不出嫁卖身”的出路，于是，她高兴地跑向了内屋，“母亲——母亲——”

落叶飘呀飘，薛式破局术之——十三岁。

3. 我是谁?

清风拂面的夜晚，寂寥的灯光起起落落，薛家的院子传来欢声笑语。熟知内情又爱心泛滥的人们大约要叹气，薛家父亲已死，母亲又病着，女娃子没人管教，整天跟一群男人宴会欢歌吟诗作对，哪里是良家女子的路数！唉……

似乎这声叹息也传到了薛家院内，坐在中堂的少女嘴巴微微翘起，清丽的脸庞映衬着灯光的暧昧，在影影绰绰的热闹里，凭空添了几分孩子气的快活。“薛卿，该你了”，突然有个男子捏了捏她的手。她回眸一笑，拍手吟唱：“绿英满香砌，两两鸳鸯小。但娱春日长，不管秋风早。”周围一阵赞叹，在男人们贪婪而爱慕的眼神里，薛涛骄傲地扬起小脸……

她发现，原来自己竟是如此魅力非凡——在这个热闹非凡的眉州宴席上，八岁的薛涛童音怯怯，那个时候，她不觉得；十三岁朗朗开怀，她也不怎么觉得；然而十五岁，当她摆脱了父母的顾忌，完全站在这个舞台上的时候，她眩晕了。

人家说她是公主，是天才，是明星。

她信了。

没人会对她发出警示，于是，小姑娘在夸耀里翩翩起舞，人们总是倾向于相信对自己好的评价，如果内心发虚的话，越发要抓住这样的评价不放。

随着习惯，薛涛渐渐迷失了，一个官宦小姐抛头露面陪酒，自然不会是体面的行为，可这算什么？她是惊世骇俗，是不被人理解，然而，这样的女子照样能扬名立万，照样能找到幸福！比如——卓文君。

“红开露脸误文君，司蒡芙蓉草绿云。造化大都排比巧，衣裳色泽总熏熏。”

她就是破除世俗偏见却得到了正果的卓文君啊！虽然私奔，可是照样能得到幸福归宿，不是吗？小薛涛就在这样的理由里找到了自己的安身之所。

既然要做卓文君，便不能自甘下贱里去，虽然陪酒，但绝不卖身，薛涛给自己的定位，是“解语花”，她倒也不是妄想，因为——

古时妓院里设置着未曾破身的清倌人，日本色情传统里存在着卖艺不卖身的艺妓们……

正如有人所言，“这个红颜不是妻，不是情人，而是居住在他精神领域里的那一个，她不一定美丽，但一定娴静、圣洁、善解人意”，是“彼此的心灵伴侣，思想交流的驿站，灵魂存放的小屋”。

况且，当时唐朝的陪酒歌伎也并非我们后人所想象的那样。事实上，很多名妓并不陪睡，而是“利口巧言”。在这个“宾伎”行业，“诙谐言谈”是第一位的，其次是懂“音律”，再次是知道曲中的“居住以及饮食”。

唐朝野史《北里志》里，说最上等的妓女，并不是绝代倾城的美女，而是能做“席纠”（酒令）的才女——能够按照某种文字游戏规则执行酒令的歌伎，必须具备敏捷的口才、丰富的才学以及明确的判断力，是难度系数9.0的技术活儿。

所以，薛涛的路，居然走通了！

“造化大都排比巧，衣裳色泽总熏熏”，敏慧无双的诗才，又兼清白官宦出身，不比陪酒的那些风尘女子，少了份青楼的污秽，多了份年少的纯真，十三四岁的薛涛，在仕林与官场交际圈里，诡异盛开——

镜子啊，镜子，我是谁？

你是堪比芙蓉绚烂（指卓文君）的朱槿花啊！

薛小娘子笑了，红衣如火，灿烂盛开。

4. 第一块玻璃——堕局

既是卓文君，既然为了不做妾才来卖诗，“卖才不卖身”自是钢丝线也是底线，但，这样的高危动作又能持续多久？

日子久了，没人愿意抱着中看不中吃的雕塑回家，在歌伎们的打情骂俏的欢噱里，这位卖诗的小姑娘也显得如此格格不入——解语花是很好，但是任何男女之间，形而上的开头，总会有个形而下的结局。随着薛涛的成长，男人们比拼着，较量着，看谁能第一个摘下这朵花——

“客有窃与之燕语”，终于有人突破了薛涛的防护线，薛涛恋爱了。

别怪她软弱，粉红色的少女时代，正本能琼瑶着爱情幻想，白马王子的几根长发，就能引发小姑娘的无限遐思，更何况是众多青年才俊的追慕与吹捧。

眉州社交界谣言四起，据说有人跟小薛涛窃窃私语，据说有人跟她交往过密，据说有人似乎驻足她家，据说……

薛涛精心设计的防护线，就这样被突破了。

只可惜的是，“不结同心人，空结同心草”的那位男子，根本不是浪漫爱情的开始，而只是一个赌注，一个好玩的游戏，一种好胜的征伐。激情过后，留给薛涛的，则是群狼环伺之后的绝望——谁都知道她已经被摘下过，说不定那个男人还到处宣扬过“我与薛涛不得不说的故事”，汹涌而来的，是一个又一个想打破玻璃的人，一个又一个想摘花的登徒子。

最后游戏结束了，她被抛弃了，留给她的，是更可怕的僵局，原来自己设计的所谓“卖才不卖色”，堪堪不过一个苍白理想的谎言，诗才也不过欲望之上的一层纱，那么怎么办？

彻底堕落？干脆让更多的玻璃全部坍塌？

这个时候，很多女人会有破窗心理——如果有人打破了建筑物上的一块玻璃，而没有及时修好，那么别人将受到某些暗示性的纵容，去打碎更多的玻璃。

既然破了，就不值钱了，那就继续碎好了。

薛涛怎么选的呢？十四岁，破窗之局，汹涌而成。

5. 罗敷式——守局

她选择守。

男人糟蹋爱情，可小娘子可不糟蹋自个儿！

面对着跃跃欲试要扑上来的男人们，她用了另外一招——

“日出东南隅，照我秦氏楼。秦氏有好女，自名为罗敷。罗敷喜蚕桑，采桑城南隅。青丝为笼系，桂枝为笼钩。头上倭堕髻，耳中明月珠。缃绮为下裙，紫绮为上襦。行者见罗敷，下担捋髭须。少年见罗敷，脱帽着帩头。耕者忘其犁，锄者忘其锄，来归相怨怒，但坐观罗敷……”

日出，秦氏楼，罗敷收拾停当，揽镜自照，青春的美，是朝阳的柔嫩与生机无限的粉红。她窈窈挎上篮，走下楼，走出门，环佩叮咚。淡淡飘香处，行人纷纷伫立。望着一张张呆若木鸡的脸，小女儿的心，是得意，是骄傲，也是俏皮。突然，路边上追过来一辆马车，使者瑟瑟爬出来，拦住她的路，上下打量：“请问姑娘高姓，我们使君想请你一起坐车……”

罗敷轻轻乜了一眼使者，放下挎篮，走到马车前高声说：“使君说笑了，您自有妇，我自有夫，而且……”罗敷顿了顿，脸上现出无限的憧憬与爱慕：“我的夫婿十五岁在太守府做小吏，二十岁在朝廷里做大夫，三十岁做皇上的侍中郎，四十岁成为一城之主。他皮肤洁白，有一些胡子；他轻缓地在府中迈方步，从容地出入官府。太守座中聚会时，在座的有几千人，都说我丈夫出色。”

成都眉州刺史郑纲离任，宴席之上，十五岁的薛涛正与众人推杯换盏，大家的哄抬里，是让她为离别作诗。小姑娘很快赋诗一首：“雨暗眉山江水流，离人掩袂立高楼。双旌千骑骈东陌，独有罗敷望上头。”（《送郑眉州》）

一经吟出，在座几个男子不禁脸色一黯，他们多是读过书的，罗敷自然认得，薛涛自喻罗敷。夫婿会是谁？

离任的刺史？追逐者中的某一个？在史官和后人眼里，都是。在当时欢场男人们的眼里，则是离任了的眉州刺史，一个他们不敢碰触的大人物、大后台，而在薛涛眼里，他们却谁也不是。

罗敷捡起挎篮，继续赶路，潇洒摇曳，环佩叮咚，淡淡飘香，渐行渐远……

一个如此有势力的帅哥，会让年轻漂亮的老婆提着篮子到处晃吗？官夫人是不能城里城外到处“秀”的，罗敷那一套根本靠不住——

女人吓退男人的伎俩而已。

薛小狐狸坐在那里，眼珠滴溜溜乱转，抿嘴笑啊笑——小娘子我是被人骗了，可是我也是尊贵的，不是你们这些人随意能糟蹋的！

薛式破局术之——十五岁。

6. 遭遇偶像：大堕局

可是没想到，一年之后，母亲去世，薛涛忽然抛弃了自己这份坚持着的矜持，正式入籍做了官妓！

这样的神转折是需要理由的，这个理由，起源于一个男人。

一个叫韦皋的男人。

“时韦中令皋镇蜀，召令侍酒赋诗，僚佐多士为之改观。”她的盛名传到了巴蜀首府，威名赫赫的大将军韦皋邀她入府。宴席之上，她才惊四座。在唐律里，公开戏弄良家妇女是重罪，薛涛的身份还是良家，节度使府自然不能闹这种黄色笑话。

所以，这位巴蜀最高行政长官、西南霸主、一世枭雄，目光烁烁地盯着小姑娘，和蔼可亲地问：“你愿常留府内（做官妓）吗？”

薛涛迟疑了。

官妓可不是好当的。

在唐代，只有犯了罪的官宦人家的女儿才会逼不得已走这路。因为她们由当地长官直接掌握，没有人身自由，集中在乐营管理，不能随便出走，由朝廷发工资，随时准备应付官差，每当有宴会举行，她们需要去献艺，陪酒，偶尔也会侍夜，但不能随意接客。她们是物品，是奴才，身份比奴婢更卑贱。

那么，薛涛，官宦人家的小娘子，眉州社交名媛，小有积蓄，诗名远播，怎么能突然变成一名官妓呢？

因为眼前这个男人……

魅力太大了。

韦皋虽然在后世并不太知名，可是在唐代，他却是赫赫有名，乃一等一的大英雄。

首先颜值过关。

高门出身，做挽郎入仕。按照唐朝规定，做皇帝出丧的挽郎，必须是高门子弟中的“俊彦”。因此，可以肯定的是，韦皋年轻时一定是个帅哥。

其次，品格出众，忠君爱国。

唐朝中期发生“泾师之变”，正在陇州留置的他，恰逢陇州将领牛云光想造反，准备带领军队投降朱泚，还威逼他一起干。他表面应承，第二天举行宴会，灌醉了几个主要叛将，捆起来斩首，并与诸军士发誓效忠李唐王朝，“协力一心，以诛元恶，有渝此盟，神其殛之”。逃到奉天的德宗一听，心里非常感动，立马遥传圣旨，给他封了个“左金吾卫将军”的头衔。韦皋连升四级，名震天下。

德宗回到长安后，感念他的忠心，派他镇守剑南西川。

最后，才能纵横天下，收服西南。

西南一直是朝廷的心腹大患，唐玄宗时，曾派十八万精兵与南诏作战，并且几次拒绝南诏的求和，似乎立誓要把南诏拿下，结果在南诏与吐蕃的联合抵抗中全军覆没，几十万唐兵死在水里，连主帅都不能幸免。明代边将邓子龙曾到此凭吊，留下一首《题下关万人冢》的七言绝句，诗云：“唐将南征以捷闻，谁怜枯骨卧黄昏，唯有苍山公道雪，年年披白吊忠魂。”而此时，大唐王朝刚刚又经历了一次阵痛，吐蕃虎视眈眈，南诏铁板一块。此时的韦皋三十多岁，风华正茂且雄心万丈。

唐人的气魄，常常是豁达张扬的，晋朝人要求达到生命的最大自由，而唐人往往期冀生命的最大密度——初唐时期连手无缚鸡之力的文人们都不甘寂寞，愿意“我以我血荐轩辕”，跑到前线效忠沙场。因此南诏求和，唐玄宗并不同意，要以“完全占有”的姿态压倒性征服这个外族。李唐王朝有这样的野心，也有这样的气魄。

但是安史之乱后，王朝在下沉，征服边疆的野心，也淡了下来，虽然依然是张扬的，但是不再有勃勃生机，而是多了些王朝中年的沉稳。因此，在处理西南问题上，韦皋改变了唐玄宗的那种绝对性政策，而是又打又拉，从中挑拨，周转中和。

比如南诏是吐蕃的盟国，他就拉拢南诏，在一次唐蕃之战里，给南诏的密信也顺便送给吐蕃一封。吐蕃以为南诏已经背盟，转而派军提防南诏，结果南诏王大怒，两国同盟破裂。

此后大战，因为南诏的反戈，都是以唐军取得压倒性胜利为结果。

此前吐蕃因为游牧出身，向来能征惯战，与唐军的战役也一直胜多败少，但是这一次，却被韦皋压得死死的。唐朝在西南的局势，终于慢慢稳定了下来。

战功，是一个军人最高的荣誉，书生出身的韦皋，因为“泾师之变”横空出世，又因平定西南而名震天下。从战胜了可怕的吐蕃开始，韦皋就成了少年们的梦，一个标志着最高价值和最高荣誉的英雄梦。

另外，韦皋还有别的本事：

会作诗：“雨霁天池生意足，花间谁咏采莲曲。舟浮十里芰荷香，歌发一声山水绿”；

懂音律：改编《南诏奉圣乐》，在长安德麟殿上献演，轰动一时；

人缘好：“厚给赐以抚士卒。士卒婚嫁死丧，皆供其资费，以是得久安其位而士卒乐为之用”，爱才如命。

一个男人，文武全才，安邦定国，简直是完美版的“国民男神”。

小薛涛在闺中就听过这位“国民男神”的传奇，做梦也没想到会跟偶像有交集。可这一次，男神不但出现在她眼前，还告诉她，他很欣赏她的才华，向她提出了加入自己幕府的要求。

她应，还是不应呢？

我想，当时的薛涛，是激动的。毕竟眼前之人跟其他那些眉州官员不一样，他是一位惊天动地的大人物，大人物意味着一个更宽阔的世界、更高的台阶，自己跟着他迈过去，人生就踏入了一个新的境地……

可是为什么是官妓呢？

薛涛心里很为难，男神到底把自己当什么啊？

当什么？

网友子非鱼认为，韦皋对薛涛是“一种真正符合儒家君子之道的敦厚感情”，欣赏，爱慕，珍惜，然后止于“君子非礼”。

以薛涛为主的传记《大唐孔雀》里，则将二人的关系定义为大叔与萝莉的老少恋，并认为韦皋之所以要以召薛涛入乐籍的方法把她留在自己身边，而不是一步到位娶了她，是因为“唐时士人结婚看重女方门第”。

可惜现实残酷得要命。

你会不会把心爱的女人送去当妓女？哪怕是卖艺不卖身？

韦皋又不是变态。

况且，民间传说里，这位英雄也是多情种子。韦皋发迹前曾流落江夏，住在一个姜姓士绅家。姜家一个叫作玉箫的婢女看中韦皋，对他魂牵梦绕，非君不嫁。韦皋临别前留给玉箫一个玉指环做信物，告诉玉箫等他至多七年，便回来迎娶她。结果过了八年，韦皋也不见人影，玉箫因此憔悴而死。姜家感念玉箫的一片痴情，将那枚玉指环戴在玉箫的中指一同葬了。二十年后，韦皋功成名就，突然在一个宴会上看到了一个未破瓜的歌伎，长得像极了二十年前的玉箫，并且她的右手中指上有一个肉环隐隐突起，恰似一枚指环。韦皋认为此玉箫正是彼玉箫的转世，立刻将她纳为妾室，藏在深宅后院，没有拿出来给别的男人赏玩。

在这位英雄的心里，女人与事业比起来，轻重有别，甚至是云泥之别。而且即使是泥，也是分档次的：有些女人，是拿来娶的；有些女人，是拿来纳的；有些女人，是拿来玩的。

很可惜，我不得不残忍地说，薛涛是被韦皋拿来“赏玩”的。

幕府里有文采之人虽然不少，但多是一些中年文士。若是有这样一个漂亮有才的小玩物、这样稀罕的小才女来陪酒侍宴，对于他，对于他的幕府，都是一件值得炫耀的事情，所以——

韦皋，年过五旬，饱经风雨，西南霸主，一世枭雄，目光烁烁地盯着小姑娘，和蔼可亲地问："你愿常留府内吗？"

后面又或者添加了一些甜言蜜语："我很欣赏你的才华。""我觉得你是不同凡响的女子。"

对于薛涛而言，一直以来，她都想用自己的才华证明自己。如今国民男神就在眼前，说很欣赏她，想邀请她加入幕府，还说虽然官妓的名字不好听，可是也只能用这种方式进驻幕府，并给予她种种重价许诺。

薛涛动心了，应该说，她感觉自己终于遇到了一个真正欣赏她才华的男人，于是就点燃了"不可理喻的蛮暴的热情"。

人在年轻的时候，大概都会想抽风一回。薛涛终于点头。

她要试试，在更广阔的天地里，施展自己的才华！

当然，她也没有退路了，因为名声坏了。

一个人活在这个世界上，要以怎样的姿势穿行于世界？特立独行的少年总会说："我就是喜欢。"富有个性的青年人总会说："我的地盘我做主。”他们汪洋恣肆、肆无忌惮，是因为年轻，不懂得名誉的珍贵之处，可你去采访一下世间那些真正的成功者，他们会告诉你，形象管理，才是你手里的关键牌。

薛涛生活的那个时代，嫁人除了需要嫁妆，还需要一种东西——闺誉。

无论小家碧玉还是大家闺秀，嫁什么样的人，一则取决于家族门第，二则就是个人形象。无论你是善才还是善貌，抑或善德，都是出嫁的重要资本。宝姐姐正是利用形象攻略打败了爱情至上的林妹妹。在那个时代，坐在大祠堂里微笑的，绝不会是性情中人。

薛涛十三岁的时候，是真的不知道这点，到了现在这个时候，即使知道也晚了。她这样的女子，再也无法嫁到正经人家里为妻——没有正经人家会要她。

于是——

韦皋，年过五旬，饱经风雨，西南霸主，一世枭雄，目光烁烁地盯着小姑娘，和蔼可亲地问：“你愿常留府内吗？”

薛涛点头。

十五岁，“大局”铺天盖地。

7. 小安心，小安心

幕府。

犹如天上紫阳宫般的仙境里，金石玉器，香气缭绕，看不尽的锦绣繁华。幕府里的歌伎们更是嫦娥般的姿色，薛涛偷偷地窥测着，有些畏怯地不安着。

这里不是眉州，不是荒僻乡野之地，如果说在那里，她的姿色还算上乘，可是在这天府之国，在这人才济济的韦皋幕府，跟那些美丽如仙的歌伎相比……

薛涛退了退步。突然，帷幕一拉，婢女进来请她更衣，她迟疑上前。初看之下，只是一片绚丽，渐渐地，才看清了衣服的模样，真漂亮，想象不到的漂亮，只怕是天上的仙女才会穿的吧！“这，是我的吗？”她怔忪着。婢女清脆地笑了：“当然是娘子的，这还是大帅亲自吩咐了呢，说是特指给娘子穿的……”

薛涛这才彻底看清，这是件女冠样式的衣服——女冠服是当时最时尚、新潮的服饰，心里微微一颤，原来他是这样看自己的，心里有种细细的喜悦，慢慢溢满了心怀。突然想起，杨贵妃第一次见明皇时也是这么穿的。

脸上一红，薛涛拿起衣服在身上比量半天，在婢女的帮助下，还是穿上了。远远看铜镜，飘飘若仙，跟从前那个略微有些土气的“时髦”小姐，自是天差地别。她突然回头对婢女笑：“我们这就出去。”

幕府的宴会，这是第一次见，众生喧哗里，歌声四起，舞姬们一步步出台，踏着乐曲的节奏，翩翩而起。薛涛站在群姬中，心旷神怡间，只见上堂那个男人摆了摆手，歌舞立停，他对着众人笑：“今儿你们且作首诗来，否则一个不饶。”

众人一阵谦让，一个个站起来对词，中间掺杂着歌伎们的酒令裁断，男人也只捋须，神秘地微笑着，缝隙里，他突然一指薛涛：“你过来对！”

薛涛呆了一呆，迅速站出人群，高声吟唱——

紫阳宫里赐红绡，仙雾朦胧隔海遥。
霜兔毳寒冰茧净，嫦娥笑指织星桥。
九气分为九色霞，五灵仙驭五云车。
春风因过东君舍，偷样人间染百花。

长裾本是上清仪，曾逐群仙把玉芝。

每到宫中歌舞会，折腰齐唱步虚词。

哗——

所有男人都抬头看着她，所有女人都瞪着她，紧接着，是逢迎，是赞颂，是韦皋眼神中掩不住的些许得意，他向薛涛招手：“你过来坐……”

薛涛落落大方地走到韦皋跟前，坐了下来，她环视四周，看着那些羡慕、嫉妒、惊异与称颂，那由良入贱的心理纠葛，终于，化成了此时此刻的风，此时此刻的心甘情愿，此时此刻的安然自适。她抬头看了韦皋一眼，满足地笑了。

那些歌伎们漂亮又如何呢？她，是最特别的。

人在竞争心理下，会适应与自己相差很大的生活环境，像《大红灯笼高高挂》里的四姨太颂莲本是大学生，新式女性，有学识有文化，相亲的时候看到中国土财主老公，心里并未瞧得起。但生活所迫还是被逼做了妾，入门时候的清高，拜见前三位妻妾的鄙夷，全部化作了自身的飘飘然。只是，那大红灯笼，那些刺激着、比衬着这个大院里女性唯一价值的大红灯笼终于击碎了她盲目的自尊，为了超过她曾经瞧不起的女人们，她开始为了获宠而努力。

刚刚进入幕府的薛涛，在同行女人们嫉妒的眼神里，安心地坐了下去——别怪她浅薄，她是个女人，新的世界，茫茫众生，她亦不过，普通女子。

8. 流放——撞局

到了节度使的幕府，薛小娘子似乎不用担心被迫“卖身”了，虽然她的诗歌一点不像个官妓甚至女人，虽然她的姿色并不妩媚动人，虽然宴席之上，那眼、那眉、那笑，是不带一点点挑逗的爽朗天真，男人们还是欣赏她的，幕主韦大帅还是宠她的——有英雄做靠山，有幕僚做诗友，真像个天上掉馅饼的童话，她幸运地拥有了其他歌伎拼命想要抢夺的一切。

但是三年之后，她却被韦皋流放了！

史书上的解释是，“应衔命使者每届蜀，求见涛者甚众，而涛性亦狂逸，不顾嫌疑，所遗金帛，往往上纳。”（何光远《鉴戒录》）

公元 800 年，韦大帅又打了一次胜仗，收复松州，收降了马定德等吐蕃大将 87 人，声誉日隆。日日夜夜，朝廷的、地方的以及个人的求见者络绎不绝，而这些日子，使者们口耳相传里，是一条求见大帅的“捷径”——薛涛薛娘子。

据说大帅对她有求必应，据说登门拜访，她统统来者不拒，据说，给她的东西，她都会进贡到大帅那里……

薛涛所住那所乐营小宅，门都被快挤扁了，当然，消息传到韦皋那里时，他的脸也被气扁了。很快，帅令传来——薛涛被罚去戍边！

薛涛呆呆地跪在那里接令，一直没反应过来，她知道她有些事情做得有些过分，但是怎么会这么严重？发发火也就罢了，要去……戍边？

不要她了？

五雷轰顶。

她没想到韦帅会生气到这种地步，不就是收了一点小贿赂吗？

其实对于她这种政治小白来说，这样的惩罚已经算轻了。

对于大人物来说，处理事务有面子和里子两个维度，有些事情可以处理在面子上，有些事情，却只能处理在里子里，因为一旦公开戳破了，事情就再也没有收回的余地，自身也会陷入被动之中。

韦皋倒也不见得要清廉到一点贿赂都不收，在治理蜀中的时候，曾经有“自以侈横，务盖藏之”的说法，但是怎么收，收谁的，收到什么地步，跟什么样的人进行利益交换，这都是韦皋的人脉技巧，也是“里子”里的事情。

如果翻到面子上来，朝廷知道了他韦大帅公开受贿，即使想睁一只眼闭一只眼也办不到了，何况，即使功高盖主拿他没辙，等皇帝哪天不痛快了，也有了拿捏他的把柄不是？

宠姬受贿，幕府内外，沸沸扬扬，路人皆知——公然逼韦皋“裸奔”，小女人死一万次都有余，罚去戍边，还算念点旧情。

那么，薛涛，为什么？

在不用纠结卖才还是卖色的日子里，在上有宠爱、下有羡慕、中有吹捧的逍遥自在的得意里，却故意去挑衅韦大帅的权威，疯了吗？

日子飞呀飞，薛式破局术之——十八岁。

9. 三种选择

薛涛在幕府的这三年，是个怎样的生存环境呢？

在她面前摆着三种选择：

第一种，纯粹的伎人。

公元 800 年，经韦皋改编过的《南诏奉圣乐》到达长安进行表演，“德宗阅于麟德殿”。这个乐舞光参加人数就有 262 人，有表演歌舞的，有赞引（即节目主持），有乐队伴奏。据说通过服饰、队形等变化就能组成“南”“诏”“奉”“圣”“乐”5 个字，精妙绝伦，变化万端，让德宗皇帝龙颜大悦，当场拍板定为唐代十四部乐典之一。

虽然，乐舞是源自南诏的“夷中歌曲”，但是能够符合皇帝的心愿，能翻译到符合本朝人的审美习惯，韦皋的改编之功自不可没——当然，老头子不会亲自下场表演或者吹乐，背后，必是一个庞大有序的乐府机构，和一个人才辈出的乐舞艺人团体。

按照薛涛的能力属性来说，她也属于有一技之长的技术工种（诗才），所以做一个纯粹娱乐贵人们的伎人是最稳妥的选择，也就是她曾经走的老路——“卖才不卖身”。

另外一种，是以色侍人的妓女。

那个时代，名妓也很“油菜花”，如“枕绘鸳鸯久与栖，新裁雾縠斗神鸡。与郎酣梦浑忘晓，鸡亦留连不肯啼……”

意想里，这些如花女人，风情万种、艳丽无边地坐在男人周围，用眼睛、用姿势、用舞姿，甚至用识文断字的才华，挑逗着男人的点点滴滴……

两种最可能的选择之外，还有一很玄乎的选择——幕僚！

那个时候，刚刚恢复元气的大唐帝国，正重新在西南开疆拓土。

按照宰相李泌的建议：“北和回纥，南通云南，西结大食、天竺，如此则吐蕃自困。”

韦皋一到蜀中，便修通蜀地一带到南诏的道路，恢复与南方小国的友好关系，反击吐蕃的进攻——就在薛涛来到幕府之时，两条通往南诏的主要道路已经修成。

这个时候，西山诸羌的女王汤立志、哥邻王董卧庭、白狗王罗陀忽、弱水王董辟和、南水王薛莫庭、悉董王汤悉赞、清远王苏唐磨、咄霸王董邈蓬及通租王等九国，都摆脱吐蕃属国的身份，率众依附大唐。

南方，南诏本来在玄宗时期被迫依附吐蕃，正苦于吐蕃沉重的兵役与军粮供应，架不住韦皋几次眉来眼去的拉拢与反间计，贞元九年（公元 793 年）五月，终于派出三个使团，带着同样的礼物，分三路共赴长安投诚。贞元十年（公元 794 年）正月，南诏国王异牟寻帅其子寻阁劝及清平官、大将军等又与唐使崔佐时等在点苍山神祠会盟。

就在薛涛在幕府的前几年，唐朝与南诏的蜜月期正在热火朝天地进行。

韦皋废除了属国派亲子做人质的旧习，但是国王死活非要送儿子来，韦皋干脆开办学校，让这些南诏贵族来这里学习，传播汉族文化……

吐蕃正与回鹘在北方争战失败，没注意自己的属国已经心有别属，还向南诏征兵征马，南诏讨价还价，佯装答应，在吐蕃回途中杀了个回马枪，攻取城堡 16 座，擒其封王五位，迫降其众十余万。紧接着，韦皋发动恢复售州的战役。

平定西南，安定四方，韦皋一个人绝做不了，正如曾国藩的中兴之名，绝对不是他一个人的精彩——

“曾国藩幕府之盛自古罕见，近世无匹。近 20 年间，他为了办理军政、粮饷及军工科技诸务，所设机构不下数十，招聘幕僚近于 400，一则治事，一则育人，从中产生出一大批各类人才，其中不少人属于曾国藩集团的骨干成员，对该集团的发展壮大起了很大作用。他们不仅助成曾国藩一时之功，且于其死后将他的思想政治路线传递下去，使之影响沛然，长期延续。”（《曾国藩的幕府与幕僚》）

而这样的韦大帅，既要平定西南，又要治理蜀中，没有一个庞大的智谋团，是不可想象的，古往今来，没有不重才的成功者。韦皋当世豪杰，自然“四方文行忠信，豪迈倜傥之士，奔走接武，靡至幕下”（苻载《剑南西川幕府诸公写真赞》），剑南节度使府，正精英济济。

这些，都陆陆续续出现在薛涛的生命风景线之中。

那个时候，她不过双十年华，还不是十分懂，但是有些东西，她看到了。她看到了一个雄伟壮阔的世界，那个精彩纷呈的男人世界，是博弈，是冲杀，是谋略，是征服天下。

如果说，军国大事，还只是幕府乐营里薛涛之所闻，但庞大的幕府集团，却是薛涛鼻息之处，作为宴席之上的头筹，那些家事国事的文人气氛，那些指点江山的万丈豪情，萦绕着她，激动着她。

不甘寂寞的心，偶尔会生出些恍惚，随着年龄的增长，谈笑之时，揶揄缝隙，她会突然不顾官妓的身份，说出些军事国事的时评论断，满堂皆惊里，她亦悚然回眸——为什么，会关心这些？

眼下，自己正赔笑转轴于贪婪眼神之间，正卖弄才华于戏谑对筹之上，而这些男人，面对着国事天下事，应该是另外一副面孔吧。不知为什么，一种不舒服的东西挣扎在心怀，连韦皋的宠爱与歌伎们的嫉妒，都不能再让她满足——宴席公主，又或者是才华横溢的伎人，又如何？

薛涛回头，见幕府歌伎们绕着男人们的眼睛轻歌曼舞时，在她们正为大帅的恩宠绞尽脑汁上演一部又一部“宫心计”时，她想飞得更高，不仅仅是诗才，而是更厉害的才能，更高的位置，更受人尊重的身份！

10. 向前去！

可歌伎到幕僚的路有多远？

很远很远，对女子来说，几乎没有可能，但对薛涛来说，却是有可能的，因为薛涛没有根。

大历十年（775 年），刚刚经历安史之乱的大唐王朝正惊魂未定，外有吐蕃和回纥虎视眈眈，内有藩镇叛乱，朝廷有权臣乱命，京城治安混乱不堪，宰相元载重定俸禄制度，薄京官而厚外官，于是很多官员纷纷求外补，薛父就是那个时候申请离开土生土长的京都，外补眉州为官，出走的。

可能即使多年以后，他也不知道这种选择对未来的女儿意味着什么，唐朝是一个宗法制的社会，而迁徙，则是对于亲族的远离，对于宗族的割舍，对传统的抛弃，是对延续的断裂。

薛涛没见过自己的宗族，她不需要担负宗族的女性名分，所以她可以没负担地转身。

另外，她的才能，还偏向男子属性。

那个时代，作诗是男人的事情，有才也只是女子的点缀——如果薛父不死，薛涛最可能度过的是小家碧玉的一生，安稳地走过正常女人的人生之路——嫁人、生子。可惜，父亲早亡，十三岁的薛涛要养家，要为母亲治病而身无长物，埋藏在心里的某种东西，噼里啪啦地迸出火花——她要用男人的技能（诗才）生存下去。

在卖才不卖色的钢丝线上走了三年之后，她离开家乡，来到了这金碧辉煌的幕府。在这四川之最高处，她看到了美如天仙的歌伎，碰到了天下英雄与天下精英。起初，青春的暴走、女人间的比衬还能让她安心地做所谓的宠姬，但是英雄的纵横与文人们的学识风采，却撩拨起了她内心许久以来的那种悸动——

她的才华，能跟男人们一较高下！

比如在宴会上，大家对诗唱和。

主题是《风》。

幕府的男人们会套用杜甫之“乱云低薄暮，急雪舞回风”，会说“忽如一夜春风来”，会直抒胸臆，会侧写正描。

只有薛涛，沉吟片刻，便写下“猎蕙微风远”（闻见）、“飘弦唳一声”（听见）、“林梢明淅沥”（看见）、“松径夜凄清”（感到），引得众人拍手叫绝。

风本无形，但是薛涛能凭借嗅、听、看与感知，将其栩栩如生地勾勒出来。文学之路，本就是以审美心理论高下，而这样巧妙而高级的通感手法，正是那些幕府才子们所不及的，因此他们衷心佩服，拍手叫好，实在没想到，这样利落的诗句，会出于一个女人之手。

薛涛微笑着接受欢呼，那些盈盈而来的赞扬，令她的心底凭空滋生出一种不甘——许多年后，当她已经高高站立，挣脱出凡尘琐屑，诗人刘禹锡还依然用江王与朱姬的掌故称颂她与韦皋之间。男人的眼里，她依然不过是一个宠姬，一个可爱的小玩物，那场风花雪月的过往，也只是伟大英雄与小美人的风流佳话，而只有这种佳话，才是被默许的，被称赞的。

可是，她会作诗呀，她做的诗不比男人差，甚至比男人好！有些东西，在不可遏制地生长着。于是，博弈沉淀，合力定型，人格显露——

她，要做个不比男人差的女人，“同样的”人！

没有身份负担，有比男人更高的才华，从歌伎到幕僚的转身，还缺什么呢？

决心。

薛涛虽然想飞得更高，却有些舍不得自己目前的地位，毕竟作为幕府最有才华的歌伎，她可以享受男人们的爱慕和拱让，是一个比较安稳的所在，但是如果作为男人，她就是他们的竞争者、对手，会进入惨烈的竞技场！

做吗？

就在她犹豫不决的时候，发生了一件很小却对薛涛很重要的事情，准确地说，是最后一根压倒骆驼的稻草——

贞元十五年（799 年）的一个夜晚。幕府酒酣杯满的交错里，仆人们抬进一个神秘的笼子，韦皋示意打开幕布，只见一只奇异的鸟站立在众人面前，它有着长长的彩色尾巴，形状奇特而美丽，在众人的啧啧称奇里，惶恐不安地巡视着周围。“这是南越国进献的，大家猜猜，这是什么？”韦皋微笑地看着众人。

“启禀大帅，”站起来的是以博闻广识见称的段文昌，“据下官所知，此鸟属南越国特产，叫作孔雀，长于灌木丛、竹林、树林的开阔地。以蘑菇、嫩草、树叶、白蚁和其他昆虫为食。不善飞而善奔走，每年二月中旬卵生，一次不过 4~8 枚，甚为珍稀……”

薛涛听着段文士的介绍，好奇地走上前去，摸摸笼子，那鸟见了薛涛的红衣，“哗——”地展开尾巴。众人一阵惊叹，只见摇曳的烛火之下，那鸟的尾屏五彩斑斓得令人眩晕。薛涛后退几步，看着那鸟，那鸟也直直看着她，好一会儿，薛涛突然转向段文昌：“文士，这鸟儿……”

段文昌笑称："薛娘子莫怕，这鸟儿本性善良，古老相传，鬼欲霸占孔雀为妻，人面鸟身的孔雀，拼命抖动自己美丽的羽毛，发出的光芒使鬼双目失明，于是取得了胜利。孔雀也因此获得'鸟中皇后'之称，被当地供为神物，遇有缘人才会开屏示美……"

薛涛回头再看鸟儿，看着它美丽的羽毛，看着它奇异的身形，看着它惊恐不安的眼神，突然回头对韦皋作揖："大帅，此鸟非凡物，开池设笼以栖之，如何？"

韦皋没有说话，如今与吐蕃之大战蓄势待发，军费日增，幕府开支亦要缩减为宜，却要为只鸟费许多周折……

他摇头："涛儿虽是好意，倒也不值得为一只宠物劳神……"

"大帅，段大人称此鸟意义非凡，正表征我大唐繁荣昌盛，每战必胜，德布四方之吉兆。"

听到"每战必胜"，韦皋心里一动，看着那只孔雀，又看了看薛涛，眉头还是微微皱起来。他是了解她的，她从来不是一个恃宠而骄的女人，尽管才华横溢，尽管热情开朗，却是个知分寸的。大战将临，她为什么执意为只破鸟费这许多周折？

虽然暗自不悦，但是韦皋却不愿公开扫了宠姬的脸面，他微微点头：“既然涛儿如此说，也好，大战在即，祥鸟来临，必是吉兆，干——”他端起酒杯，环视四周，一时豪气万丈。要知此时虽然做了诸多准备，已经联合南方诸邦，但吐蕃军力强盛，大决战之后，生死难料，只是大丈夫当马革裹尸，不是吗？

众人为大帅的霸气所感，当即站起来表决心，歌伎们早早知趣地退到了一边。“正经事情”前，没人再会有心思欣赏孔雀的美丽。

薛涛孤零零地站在它的面前，看着它依然努力地展示着自己那寂寞如许的灿烂，在空无一人的舞台的映衬下，显得可笑又可怜。

心中忽然有声音爆破。

做鸟还是做人？大帅的态度很明显，所有人的态度都很明显。活着，是个态度问题，她要更尊贵地活着，凭借自己的才华与才能，证明自己可以！

于是，她选了，她介入政事，以至于帮着大帅收贿赂，最终的结果则是——发配戍边！

11. 理想的代价就是生活的骨骼

薛涛凄凄惨惨地跟随着军队的步伐，走向未知的战场，心里一片茫然。昨日还过着锦衣玉食、金尊玉贵的日子，节度使的宠姬、幕府宴席之上的公主，到今日，却成了最下等的营伎，灰头土脸地跟随着士兵们一起开往前线，自己还不会骑马，只能跌跌撞撞跟随着行军的步伐。风沙结结实实打在脸上，疼在心里，一顿一顿的，是对韦皋的满腔悲愤，也是对自己的质疑——非要如此吗？

一个不得不承认的残酷事实是，韦皋并不珍惜她，当初让她入乐籍当官妓时的挣扎和犹豫，并不是基于欣赏她的才华，也不是给予她一个生存成长的空间。她想错了，全错了。

午夜梦回，想起当初看着韦皋神秘的微笑时的那份惊喜，交织着少女时期对英雄的回响，和女儿自当豪杰的抱负，全成了梦里的碎片。一点一滴被践踏出了血色，粉身碎骨里，就这样明白了韦皋的真意。

对于这样一个在战场、官场厮杀多年的英雄，官妓他不缺，会作诗的官妓他也不缺，他缺的是激发幕僚们斗志的利器——你们怎么能让女人比下去？因此才需要一个可爱的玩偶。

薛涛站在那里，就是让幕僚们奋进的标杆！

果然，她并没有让他失望，她没有下贱到用姿色去取悦男人。因此，他抬举了她，让她成为最奇特的风景，站在那里，让他的兵、他的谋士、他的下属、他的官吏，比衬出最大的压力与最大的效能。

生命中所系的、所依托的知己，原来是一场骗局，人家并非故意，自己却是甘愿。薛涛突然想要仰头大笑，她的青春啊，在那飘摇的粉色梦里，荡漾了太久太久。

苍茫四顾，粗糙的帐篷，劣质的军粮，士兵们凶恶粗俗的脸，一切像个不应有的噩梦。周围不见了往昔那些娇俏柔媚的女子，而是形容粗鄙、神色麻木的营伎。她们的脸上都带着一种不应有的苍老，见了薛涛，不怀好意地“哧哧”笑着，粗野地互相揶揄着，她会被谁看中……

薛涛惊恐地向后退步，想找个地方躲起来，只是营头见了她，倒还客气。虽知道她是犯了错被罚的，但是作为韦大帅的女人、幕府里的头牌，倒也不敢粗暴对待，但是薛涛还是被吓到了。

她出生于官宦人家，即使落魄，家里也有些积蓄，加上不俗的姿色和才华，很快就在眉州社交界站稳脚跟，接着又被接进富丽堂皇的节度使府，一直作为幕主的宠姬出现。

多年来，金尊玉贵的生活，她习惯了，而现在，食物难以下咽，高原的气候，常常让她喘不上气来，最让她难堪的，还是赔笑。这里没有人跟你风雅地对诗，虽然有些文人幕僚，但是大多是武将，加上这里紧邻战场，让男人们的渴求更接近简单的本能——薛涛的诗词才华，他们不想了解，他们更想以一种更为简单的方式接近薛涛——一个女人罢了。

但是究竟，还是碍于韦大帅的面子（从后来薛涛传递韦皋的诗词的迅捷、通畅，也可以看出韦皋对薛涛还是暗中看顾的），倒也不至于要强迫薛涛像个纯粹的妓女一样接客，但是唱曲、歌舞还是免不了的，这是一名营伎的本职工作，不是吗？

于是，这位风雅独特的宴会公主，这位被韦皋默许，被文人们纵容的小才女，如今却要像那些从前她看不起的歌伎舞姬一样，重新开始，学习唱曲，学习舞蹈，学习怎么让将士们、男人们，畅怀开心……

薛涛一边笑，一边哭，从卖才不卖色的钢丝线，到高级赏玩、官妓幕僚的荒诞剧，她的挣扎全白费了。在这个男权社会里，生活打着转地嘲笑着一个女人企图用才华争取生存的无望，百般挣扎，到头来，局后有局，终究，卖笑。

我说了，生存总会有机会嘲笑高贵。

12. 从官妓到校书郎——小破局

几个月之后，边疆卖笑的下等营伎薛涛，接二连三给高贵的韦太尉写了十首诗：

犬离主

出入朱门四五年，为知人意得人怜。

近缘咬着亲知客，不得红丝毯上眠。

笔离手

越管宣毫始称情，红笺纸上撒花琼。

都缘用久锋头尽，不得羲之手里擎。

马离厩

雪耳红毛浅碧蹄，追风曾到日东西。

为惊玉貌郎君坠，不得华轩更一嘶。

鹦鹉离笼

陇西独自一孤身，飞去飞来上锦茵。

都缘出语无方便，不得笼中更换人。

燕离巢

出入朱门未忍抛，主人常爱语交交。

衔泥秽污珊瑚枕，不得梁间更垒巢。

珠离掌

皎洁圆明内外通，清光似照水晶宫。

只缘一点玷相秽，不得终宵在掌中。

鱼离池

跳跃深池四五秋，常摇朱尾弄纶钩。

无端摆断芙蓉朵，不得清波更一游。

鹰离鞲

爪利如锋眼似铃，平原捉兔称高情。

无端窜向青云外，不得君王臂上擎。

竹离亭

蓊郁新栽四五行，常将劲节负秋霜。

为缘春笋钻墙破，不得垂阴覆玉堂。

镜离台

铸泻黄金镜始开，初生三五月徘徊。

为遭无限尘蒙蔽，不得华堂上玉台。

“我是您的狗、您的笔、您的马、您的鹦鹉、您的燕、您的珠、您的鱼、您的鹰、您的竹、您的镜，请您大人有大量，饶了我这只宠物……”

她低头了。

很快，贞元十六年（公元800年），薛涛被召回。

两年之后，韦皋向朝廷举荐她为校书郎——我们不知道这两年里，这个女人做了什么，以至于让节度使韦皋做出如此不可思议的举动，而显然，按照正常的发展逻辑，大帅肯接她回来，她应该在“被玩赏”的道路上走得更远——成为幕府里最头牌最持久的宠姬或者才华出众的伎人，然而没有，她被推荐为校书郎——这是个只有男人才能坐的位置。

永远有多远，官妓离校书郎就有多远！

校书郎是个什么官呢？

九品小官，是校对诗书的闲职，却是男人们跨进仕途的最佳门槛——“流内官”。

《红楼梦》里的贾政勤奋上进，本来要考进士出身，结果因为“皇恩浩荡”，受祖荫得到了“员外官”的职位，或许在别人眼里是艳羡之不及，但在贾政眼里，却是一种无法言说的遗憾，因为这是“流外官”。

朝廷的官职有很多，但有些官职是只有进士出身的人才能做的，这些官级不论高低，一律清贵无比，因为它们印证着个人价值与自我奋斗，宛如我们看不起富二代却尊重那些白手起家的创业者。

因此，“流内官”是一个苦读寒窗的士子的梦。

贾政如此刻苦，却不幸意外得了“流外官”，从此以后，他的仕途再顺利也有遗憾，因此他焦灼着，焦虑着，想让自己的儿子们刻苦攻读以得补偿，可惜生出了宝玉这种不屑功名的奇才——“不肖种种大承笞挞”一章里的毒打，焉知不是一颗士子父亲的苦心叹息？

而韦皋，居然想把这样的一份荣耀，一个赋予读书才子梦想的官职，赋予一个女人，一个他曾经当作玩物的女人？两年，她究竟做了什么？

薛涛低头，对韦皋说，我是一名官妓，我只是被您玩赏的宠物，而已——

而已？

13. 成长

薛涛蹲在粗糙的帐篷里，极度惊恐地发抖。周围，有嘲笑，有戏弄，有虎视眈眈，当然也有保护，韦皋在她前面摆出了两条路：要么刚烈地去死；要么，奴颜媚骨地屈膝投降。前者是生命的断流，后者是精神的毁灭，那么……

死吗？

晏子笑容满面地对齐国三勇士（公孙接、田开疆、古冶子）说："国君赏了你们两个桃子，请将军们自己分吧"。公孙接首先抢了一个："我有捕杀野猪、搏杀猛虎的本事，我应该先吃一个。"田开疆也不甘落后："我有领兵作战、击退强敌的大功。"然后，拿走了第二个桃子。古冶子一看桃子没了，怒了："当年国君过河，幸亏是我杀掉了捣乱的鳖怪，论勇猛，你们比得上我吗？论功大，你们有我大吗？"其他两个人一听，很是惭愧，他们都是自视很高的勇士，立刻自杀赎罪了，而古冶子看着地上的两具尸体，非常后悔，手起刀落，也一起跟两位朋友共赴黄泉了。

二桃杀三士，此时此刻的体面，竟大于生命本身的尊严，让一切延续，在某个不经意的瞬息里，不值得地戛然而止。

要不要如此“高贵刚烈”地死呢？

还是学韩信？

韩信站在街头，周围横溢着市侩的哄笑与“杀了他”的撺掇起哄。面前，是无赖得意扬扬的挑衅，“有本事你杀了我，要不就从这里钻过去！”良久良久，韩信跪下了，窸窸窣窣地从无赖的胯下钻过，在铺天盖地的鄙视里，他站起身来，掸掸身上的灰尘，拍拍手，昂首阔步向前去……

薛涛徘徊着，她的人生从未陷入这样的绝境，而拼尽一切努力后换来的绝望，正像一条大蛇紧紧缠住了她。眼前到处都是刀，心一横，便是阴阳两界，一切都可以云淡风轻了。

然而，她到底是不甘心的。

自己努力了这么久，就这样结束了吗？

她想起了自己卖才不卖身的初衷，想到了自己在幕府里的所见所闻，想到了对宠姬角色的不甘。一点，两点……渐渐地，连成一线，一片。她忽然明白自己一直以来想要的是什么——那就是用自己的才华，争取自己的生存！

努力了这么久，付出了这么多，怎么能放弃？

人都对自己付出巨大代价获得的东西十分珍惜，薛涛感觉自己就是死，也不能现在死，得想法子，想法子摆脱困境，先回去再说。

可怎么回去？

薛涛在帐篷里转了一圈又一圈，想着自己犯错的这件事，终于有点明白为什么受惩罚了。大帅未必是看不起自己这个女人，便是换个男人这么做，大概也会被发配。受贿这种事情，怎么能公开进行呢？

这不是给大帅脸上抹黑吗？

说到底，自己太急了，急切地想得到幕僚这个身份，想被别人认同，然后不顾一切地追求这个名声，却忘记了这个身份应当由谁赋予。

她暗骂自己一声糊涂，向营头要了纸笔，开始写信认错。

她说："大帅，我知道错了，我再也不敢了。"

她说："大帅，您别跟我计较呐，我算是什么，不过是您的小猫小狗……"

她说："大帅，您还需要我吧，那些男人没有我比衬着，怕是使不出洪荒之力来……"

来回这么大半年，终于把韦皋感化得回心转意了。

她回去了。

回去的时候，薛涛变了，变稳重了，也变踏实了。

自己想用才华赢得生存，没错，错的是方式。

人的名声，靠实事慢慢挣回来的，最踏实，也最不容易受侵蚀。若是寻了捷径直接追求，总要付出惨痛的代价。

于是，薛涛再也不是急切地寻求一个“身份”，追求一个幕僚的名声，而是安心地做实事。

才华她有，谋略她也有，大帅，看过来！

韦皋在她前面摆出了两条路：要么刚烈地去死；要么奴颜媚骨地屈膝投降。前者是生命的断流，后者是精神的毁灭——两种结果，薛涛都不想要。

14. 天时地利新发现

公元 801 年，就在薛涛回到韦皋的幕府后，大唐王朝经历了一次惊天动地的翻身——

吐蕃又在西线对唐朝发动了大规模的军事进攻，攻陷了麟州等战略要地，兵逼长安，德宗急令韦皋救驾——按照通常意义的理解，韦皋应该提军北上，堵住吐蕃进攻的缺口，但是他却没有这么做，而是掉头杀入吐蕃境内，带领着步骑两万，兵分九路，直击吐蕃要塞。

这招叫作“围魏救赵”。

韦皋战了四个月，攻取了 7 座城池，焚毁了 150 个堡垒，杀败了 16 万吐蕃大食联军，吐蕃主力只能南下支援。韦皋又伏军途中，俘虏了吐蕃的十万援军，擒得主将论莽热，一举扭转了唐朝在战略防御上的被动。

从此以后，吐蕃再也没有力气进行大规模战争，大唐王朝的西方边患之祸，终于根除。

这招叫“围点打援”。

这场唐朝军事历史上精彩的一幕，是韦大帅的个人辉煌之巅峰，背后为他出谋划策的幕僚们自然功不可没。

大肆犒赏，却没有薛涛的记录，历史当然不会记录一个女子的痕迹，也只有事后的事后，（奏请校书郎），寻找一些微妙的印记。

像“围魏救赵”这种策略背后的思维——围魏救赵，想救赵国，未必就要去赵国；

像围点打援，想要攻取城池，未必就要直接强攻，先消灭敌人的有效实力才是王道。

说白了，是一种曲线救国。

这个过程中，有没有薛涛的思维参与呢？

天时已备，薛涛微微而笑。

幕府是男人们组成的，也是文人组成的，而这些知识分子们，从单纯的诗人、文人，到能为大帅韦皋所用，还是有很大的距离。

知识分子需要实践来磨合，如果磨合不了，就是“世人皆醉我独醒”的格格不入。

只有少数坚忍者，经过了磨炼，经过了与社会规则的博弈过程，均衡而胜出。

可惜大多数文人未必愿意躬身实践，作为精神资源的占有者，在那简单的二元思维里，在急功近利省略“过程”的眼高手低里，他们产生出一种自恋，急切想得到世俗承认（依附权力施展政治抱负）又无所适从，于是变态，分裂，神经质——而唐代的幕府制度，又给这些士人们提供了自恋的机会。

在唐代，如果他们中举闲置或者有才而不中（李白、杜甫都中不了举），幕主们会“三媒六聘”地再三请求：会有正式的聘书，会有固定的格式，会有相当数量的聘金，既能充当他们前往幕府的路费（古代路途遥远，很多时候要走一年），又能缓解他们的生活困境，让他们有钱养老婆孩子仆人奴婢——有的人甚至干脆带着家眷热热闹闹一起赶去。到了以后幕主还必须以宾客之礼相待，否则一旦“失礼”，一言不合马上拂袖而去。别为他们的后路担心，在这种情况下，舆论会指责幕主不能善待贤才，其他幕主也会争相聘请。他们清高得如此理所应当。

他们大多数有文采，会作诗，会抒情，会吟唱，就像如今无数小资文人们的美文一样，那是他们的本能，可行军打仗、政治斗争，却不是靠吟诗作对就能过得去的。繁重的幕府工作又是文人们所不屑的。

总而言之，在与这个世界的磨合上，他们缺乏耐心而又不屑学习。

韦皋曾经也是文人，也是知识分子。野史记载里，他也入过幕府，成为别人的幕僚。文人出身，有过士人式的狂野与冲动，有过“粪土当年万户侯”式的极端，有过恣肆纵情以致令岳父厌恶的偏激。只是，只是，这样一个男人，却成了扭转大唐乾坤的中兴名将，成为威名赫赫于周边的大将军，大帅，大宰相。文人、军人、臣子、将领、领袖……他这一生，又经历了多少折腾与折磨，才终于明白了世界的真相？

在那个鼎盛的剑南蜀中节度使府里，没有比文人出身、曾经当过幕僚的韦皋更了解这些人的。这些文人，这些知识分子，这些时刻想振臂高飞自以为文采盖世却双脚离地的男人们。他俯视着他们年轻的脸——在与世界对接的道路上，他们的路，很远很漫长。

而更为致命的是，对待文人不能用军队里的强制法子——幕主与幕僚，不是主仆，不是上下级，而是主宾。

但韦大帅又不能只养闲客，镇守剑南蜀中重地，西有吐蕃虎视眈眈，南有诸侯屡次反叛，川蜀之地又民生凋零，自己与朝廷微妙制约，需要培养心腹……

太多太多的事情，需要的，是适应现实的人才，怎么办？

地利已成，薛涛眯起了眼睛——

15. 于是，人和

你想了解幕僚们的心理动态吗？

她会跟你偷偷耳语……

根据异性吸引定律，男和女之间总比男和男或女和女之间更容易相互吸引，更易建立联系。士人们有什么隐私生活，可能更信任这个女人，于是，很多内幕就会传到韦皋耳朵里，让他对这些幕僚的心理动态了如指掌……

你想激励幕僚们的上进心吗？

她很有才华，宴会唱和上纵横同辈——所谓鲶鱼效应，挪威渔民们总是在贮藏沙丁鱼的船舱里放几条“异类”——鲶鱼，让它们在互相争斗中，活着抵达港口。正如我们小时候分同桌，好学生总会跟差生被分在一起。薛涛这样的鲶鱼，是韦皋幕府里最好的异类，激发士人们的斗志，让他们勤奋修炼，以获得更好的文采。

你想分化幕僚们的心意吗？

让一群人做事，当大家都畏难不肯做时，她会站出来，首先说一声“我做”，不消时日，幕僚统一阵线被瓦解，陆陆续续有更多的人会做。

这不是命令也不是强制，没有一点不尊重你的意思，却让你乖乖听话。因为，这是首因作用，更是从众心理。

韦皋只打开一扇窗，得到的，却是整个世界。

所谓“南风效应”，就是在北风和南风比试威力时，在看谁能把行人身上的大衣脱掉时，北风按照顺理成章的想法，强行刮掉行人身上的大衣，却让行人们把身上的大衣裹得更紧（逆反心理）。但是南风用温暖的气息，风和日丽的诱导，让行人们自动脱掉大衣。

在那些清高的文人们面前，金钱利益与仕途前景的诱惑只是小花招，虽然有效，但是远不如南风的方式强大。薛涛，你是吗？

寄张元夫

前溪独立后溪行，鹭识朱衣自不惊。

借问人间愁寂意，伯牙弦绝已无声。

总有不得意者，总有失落者，那个叫作张元夫的才子，正孤单地站在溪流旁，看着怡然自得的白鹭，脸上露出寂寞的悲怆……

有朋友寄书过来规劝他“远处从人需谨慎，少年为事要舒徐”，一如刚刚踏入社会的青年，单纯自负，急躁冲撞，原要投奔大帅麾下施展平生抱负，但天不从人愿，人事太复杂，空有一腔热血也只无从发泄。他愤愤不平，可那又如何。

这时的韦皋总是沉默的，看着优胜劣汰的厮杀——他要用的，必须是最好的。

薛涛出现了，她默默站在少年的身后，悲悯而温柔。张元夫并不回头——男人并不想让人看见自己失败的脸。薛涛叹了口气，轻轻吟唱：“借问人间愁寂寞，伯牙弦绝已无声。”

张元夫微微一动，知识分子的格格不入，总能在“众人皆醉我独醒”中找到安慰——薛涛太了解这类人了。于是，张元夫转头，释然，高山流水，伯牙子期，麻醉剂也罢，精神胜利法也好，人总得活着不是？

女人的懂得，让男人如释重负。

韦皋听说，点头微笑。

“浩思蓝山玉彩寒，冰囊敲碎楚金盘。诗家利器驰声久，何用春闱榜下看。”（《酬祝十三秀才》）

总有不自信者，尽管朝廷一再禁止，幕府里仍有很多没有中过举的人。

唐代节度使并不像现在必须“有房有车”才嫁的姑娘们，他们更看重“潜力股”。可惜，这些“潜力股”未必这么想，没中举过就等于没上过大学，言行里总透着些许不自信。而薛涛出现了，她温柔地对他们说，你们就像玉山、冰囊、利器一样藻思清美、干练多能，你们的能力，不用科举来证明，不需要去“春闱榜下看”。

女人的鼓励，让男人觉得顶天立地。

韦皋听说，点头微笑。

“万条江柳早秋枝，袅地翻风色未衰。欲折尔来将赠别，莫教烟月两相思。”《送姚员外》

昔我往矣，杨柳依依，又有人要走了，那个姚姓的男人依依不舍，而薛涛却决绝地折柳相送。走吧，走吧，我是美丽多才，是“风色未衰”，只是又有什么用呢？到了远地他乡，恐怕你又会有惦记的人，又会有可爱的女子，这些婉转多情，也只缠缠绵绵藏在了折柳中，送了，断了，不使“烟月两相思”，也就如此罢了。

女人的决绝，让男人重新开始。

韦皋听说，赫然动容。

尊重是争取来的，渐渐地，别人开始不把薛涛当宠姬，当官妓，当玩物。从脱掉绚丽的舞衣开始，这个女人披上盔甲，艰难奔走于重重包围之地，时而坚韧，时而强大，时而可以妥协，但，决不放弃！

16. 不需菜刀

某个万里无云的日子里，韦大帅幕府议事，薛涛亦在场，只见韦皋看了她一眼，咳嗽一声，突然提出，要向朝廷奏请封薛涛为校书郎。众人大惊，接着，有人附和，有人附和，又有人附和……

薛涛的人缘确实很不错，但是这个时候，有人站了出来，他说不行，他说校书郎的门槛很高，他说自古以来从来没有女人封过此官，他说，这是不可能的。

于是，大家默然。有人悄悄望向薛涛，只见那张清丽的脸上依然神色平静，仿佛意料之外，仿佛意料之中。

事情就这样过去了，虽然没成，但是如此爆炸性的消息自然很快传遍了士林坊间。韦皋私下里对薛涛叹气，薛涛“善解人意”地劝解：“大帅，没什么，护军说得对，我不过是小小女子，哪里有资格做校书郎？您有这份心意，薛涛已经感恩不尽。”说着，做感恩戴德状。韦皋要的正是这句话，按捺住内心的雀跃，他以沉痛哀悼的语气宣布并定性了这个事件的结论："唉，可惜你是女子，算了。"

算了，当然算了，做了几十年官，韦皋自然知道这种事情很雷很震撼，朝廷是绝对不会答应的，但是他就是要的这个结局。沸沸扬扬的传扬、感激涕零的忠心表白，他都收罗了，薛涛是幕府里不可缺少的弥合剂，她想得到的，他得给。

薛涛何尝不明白？她立刻向韦皋献诗：

赋凌云寺二首

闻说凌云寺里苔，风高日近绝纤埃。
横云点染芙蓉壁，似待诗人宝月来。

闻说凌云寺里花，飞空绕磴逐江斜。
有时锁得嫦娥镜，镂出瑶台五色霞。

听说凌云寺里长着青苔，那里风声阵阵，没有一丝尘埃，每当日落，晚霞的红云就会点染了墙壁，似是等着诗人的到来……

听说凌云寺里有花，花树繁茂，遮挡了月光，锁住了嫦娥，只有点点清辉从枝叶缝隙里，透出来，透出去……

她说，她感激韦皋是慧眼识她的真豪杰，只是她生不逢时，人不逢地，无论朝廷还是舆论，都不愿意把一个官妓抬举成校书郎。她说，只有在诗歌的天地里，只有在真正的诗人（韦皋）面前，她才活着，有尊严地、有价值地活着。她想，他们爱的那个世界，那个理想的、平等的、自由的诗歌世界，就像天上的月光一样，尽管被蔓蔓花枝遮住了，却依然能透露出来，给她这个卑微的小女子，一点点渺茫的安慰——她薛涛要的并太多，一点点，就够了。

韦皋满意地笑了。

薛涛也满意地笑了。

自从罚边的那一刻起，彼此之间的那点暧昧就已随风飘荡，此时此刻，早已不是英雄对宠姬，而是主仆之分，君臣之争，凌空虚步，一点即通——一个校书郎的姿态，两次心照不宣的太极推手，你要的我给过，就已足够。

高手过招，不需菜刀。

风沙吹呀吹，薛式破局术之——二十岁。

17. 君子终日乾乾——守局

薛涛不再是女人。慢慢地，她成了幕僚——自由而独立的幕僚，韦皋看她的时候，目光中不再是轻飘飘的调戏与纵溺；男人们看她的时候，不再是贪婪而充满欲望；歌伎们看她的时候，不再嫉恨而羡慕（如果相距太远，女人们就会放弃比较）。挣扎之后，薛涛终于基本挣脱了“被赏玩”的位置——只是，爱呢？女人最大的本能，爱呢？

她对着爱慕她的男人说：“水国蒹葭夜有霜，月寒山色共苍苍。谁言千里自今夕，离梦杳如关塞长。”（《送友人》）

也许暗自爱过，只是，却要硬生生将它搁置在适可而止的羁绊里，在没有激情、没有欲望、没有占有的天涯相知中，暧昧到无声无息。

当然，她没有爱而不淫的高尚境界，也不是要享受有人形容的那种“半梦半醒之间”“有一种飘飘然然的醉意，但脚步没有踉跄，所以走得很稳。不会像人从恋爱晕晕乎乎走向婚姻时那么容易摔跤，也比清醒的友情要多一份朦胧。可以享受亦真亦幻的快感”的第四类感情。

她是个女人，是个孤单而寂寞的女人，真诚勇烈的爱，她当然渴望。只是抬头看去，在那个时代，多少寂寞而美好的芳魂，在飞蛾扑火般追逐过一段感情后纷纷凋落。

像她这种身份的女人，一旦动了真心，等于吃了毒药：

徐州名妓关盼盼，只因为赎她的男人死了，于是独居彭城燕子楼十余年，从前风花雪月的似锦年华、荣华富贵里的爱恨离愁，都随着岁月飘散而去。一份忠贞、一份承诺，就是一个风尘女子最大的爱。所谓“楼上残灯伴晓霜，独眠人起合欢床”，所谓“相思一夜情多少，地角天涯又是长”，她死了，绝食而亡……

河中府名妓崔徽，与裴敬中相好数月，分别之后，情不能自禁，托人带画给这个男人说：“以后你遇到的女子一定不及这张画（自己），因为，我能为你死……”然后，她发狂疾而亡……

长安名妓刘国容，风华绝代，文采斐然，与进士郭昭述相爱之后，再也不肯见外客。可惜后来，昭述受官远去，就在他离别赴任的路上，国容派女仆写了封信：“欢寝方浓，恨鸡声之断爱，恩怜未洽，叹马足之无情！使我劳心，因君成疾，再期后会，以翼齐眉……”《开元遗事》上说，“长安弟子多讽诵之”——真的是情深如此才大费周章地致信？那为什么让街头路人都知晓了呢？

名妓就是名妓，那份入世的老辣，是心机也是恐惧，郎君此去，自是天高任鸟飞，多少高门大姓女子，多少高贵的名门小姐？她拼不过，她知道。所以，她只能让长安弟子多讽诵，让这些外在的舆论制约着这个男人，百转心思，只是为了拴住一个男人的心……

薛涛不敢。

那些爱与恨，都是卸下盔甲之后的万般舞姿，薛涛费尽心血爬到了这个位置，再回头，已是不敢。虽然知道自己已经拥有了爱的自由，虽然知道韦皋不是个心胸狭窄的男人，虽然知道，有些爱，是真诚的、不带玩弄的甚至包含尊重的，但依然不敢接受——官妓、幕僚、校书郎的错位，是连韦皋也搞不清的乱麻，从未有人走过的路，她已选择。漫漫人生旅途里，无论对错，只能向前去，向前去……

春郊游眺寄孙处士二首

今朝纵目玩芳菲，夹缬笼裙绣地衣。
满袖满头兼手把，教人识是看花归。

低头久立向蔷薇，爱似零陵香惹衣。
何事碧鸡孙处士，伯劳东去燕西飞。

春风摇曳，蔷薇花开，有人远去，好多的话，好些的情思，官妓薛涛只是不语，于是男人失望，纵马而去，惹起的轻尘，搅起淡淡青烟，吹起她那万缕青丝，她却一直低着头，直待那芳菲的香气，渐渐从手上淡去，才默默回府，人前相问，笑如平常："看花去了。"

校书郎笑如平常："看花去了。"

18. 你想做什么？

但到底是官妓，还是校书郎？薛涛不是专业耍杂技的，钢丝线不能永远走下去，她虽然积聚力量扭转角色，得到了韦皋的信任，获得了众人的认同。但在这亘古未有的女幕僚之路上，有些东西，还需要定性；有些东西，还需要撇清；有些东西，需要尘埃落定。

《易经》说事物发展的“第四阶段”（易经认为事情发展都会分六阶段）是最凶险也是最关键的阶段，也是量变到质变的过程，有人会跃上成功，有人跃不上去掉下来就死了。薛涛，你行吗？

机会，老天是给了的。

五年后，韦皋暴亡。关于死因谁都没说，史官没说，野史也不肯杜撰——他太强大，太完美，太高深，几乎没人相信世界上还有力量能毁灭这个男人，可是他死了，悄无声息地退出了历史舞台，留下重重无法解释的谜团。不久，他的副手刘辟起兵造反。一切，都在失控地走向迷失……

在创世初期，任何决策都致命地影响着全局，主君们都小心谨慎，全力以赴，可是事业稳定了，当个人的昏庸已经无关大局的时候，主君的警惕也会放松下来，小人，便会乘虚而入。

韦皋老了，英雄暮年，有一些人渐渐沉不住气——以刘辟为代表的小人集团，他们无所不用其极地迎合韦皋的爱好，深得韦皋欢心，其首领刘辟很快便升为韦皋的副手——副统帅。既然韦皋权倾一方，要想从他身上得到更多的利益，怂恿他做独立朝廷的“土皇帝”则是最好的途径。

当然，韦皋是何等人物，刘辟他们是怎样的人，想做什么，他一清二楚，但是就像乾隆对和珅的戏语，“你，我需要，刘罗锅，我也需要”——小人，韦皋是需要的，这是他制衡下属的一种力量。

下面的人一团和气，对韦皋来说并非好事，因为他的权威性和合法性就会受到挑战，刘辟的作用就是让下属们互相博弈，韦皋站在调和者的中间位置，从与下属的直接博弈中解脱出来，刘辟也是有功劳的。

但小人们是绝对不可以给实权的，无论是秦二世的赵高，还是唐明皇的杨国忠，他们的破坏能力是巨大的。韦皋英雄一世，左右摇摆的欲望已经耗费了他的全部精力，戎马一生，下属听话听惯了的，对于那些让自己开心、吹捧自己成为不受朝廷控制的刘辟们，他疏忽了。

偏偏此时此刻，有个女人看出了端倪。她巧妙地提醒："露涤音清远，风吹故叶齐。声声似相接，各在一枝栖。"——不要看着蝉们的声音相似，它们其实各有打算。

韦皋，愕然；幕僚们，懵然；刘辟他们则侧目——这个女人，想做什么？

想做什么？

凌云寺，广宣高僧的禅居。

文士们沏茶赏谈，对景吟诗，正好轮到角落里的红衣女子，她停了一会儿，望着广宣，开口吟道："许厕高斋唱，涓泉定不如。可怜谯记室，流水满禅居。"众人都是一愣，谯记室——三国谯周？

这个人，三国时辅佐益州刘璋，面对刘璋与刘备之争，极力劝说刘璋投降，认为，"某夜观乾象，见群星聚于蜀郡；其大星光如皓月，乃帝王之象也。况一载之前，小儿谣云：若要吃新饭，须待先主来。此乃预兆。不可逆天道。"——用天相来忽悠刘璋，最后说服刘璋开城出降。

后来辅佐刘备和诸葛亮，极力反对诸葛亮北伐，说了一大堆民不堪负、天命不归的大道理，可惜诸葛亮早已被刘备“托孤”的帝王术冲昏头脑，明知不敌，依然数次北伐，最后落得个“出师未捷身先死，长使英雄泪满襟”的结果……

然后在魏军攻打蜀国的时候，后主本来拿不定主意逃跑还是坚守，还是他站了出来说：“自古以来，无寄他国为天子者。臣料魏能吞吴，吴不能吞魏。若称臣于吴，是一辱也；若吴被魏所吞，陛下再称臣于魏，是两番之辱矣。不如不投吴而降魏。魏必裂土以封陛下，则上能自守宗庙，下可以保安黎民。愿陛下思之。”——劝后主投降魏国。

投降之后，此人并不像其他降臣那样战战兢兢，而是颇受礼遇，因为学问深厚，数次被委以国家教育部长的重任。最后的结局，生得狡猾，死得平安，甩甩袖子，离开了这个纷扰的人世。

孙绰说他本该“夫为社稷死则死之，为社稷亡则亡之”，而居然说服主子投降，简直不知道廉耻。王夫之干脆破口大骂，说他唯恐刘家宗室不灭，为了个人的功名利禄，居然出卖名节，简直连冯道这种大奸臣都不如……

很多人骂他，很多人，很多男人，在封建社会的男权系统里，这是君王所不喜，士大夫要唾弃的小人。

实际呢？

刘璋昏庸无道，并不需要全城百姓陪葬；诸葛亮劳民伐远，偌大的血泪只不过是刘备的那临终一托；后主耽于嬉戏，不理朝政，不是没有劝过，说过，甚至因此被贬过，但是江山式微，日益腐败，面对着正旭日东升的北方集团，又能怎样？

山雨欲来风满楼之际，薛涛把对韦皋影响较大的广宣法师比作谯周，满堂皆惊里，她对着高僧虔诚合十——你说她想做什么？

薛涛其实要广宣法师劝韦皋，不要听信小人们的胡扯谋反，做蜀国霸主刘备，而是要识时务，谋大局……

然而，时局不像她想象的那样，韦皋没有造反，他死了，副手刘辟却起兵谋反，准备做蜀国霸主刘备。

考验来临了。

19. 大人物的“道德”与小人物的良心

据说“留取丹青照汗青”的南宋宰相文天祥，临死前给自己弟弟写信说，“如果你被元军抓住了，为了保住族人和父母家庭，你就投降吧，但是我身为大宋宰相，是没办法这样做的……”——我相信这个故事是真的。

年少时总鄙视这样的软弱，现在则因为懂得而慈悲，因为在这茫茫人世间，没有人天生能够看淡死亡，也少有人能达到文人方孝孺的境界（因为不肯投降永乐皇帝而被诛九族）。文天祥能为南宋誓死不降，也未必是因为那些“忠臣不事二主”的道德教条（他主子宋徽宗都来劝他投降），而是良心——对得起身为宰相的良心，让他自己肯死，而对得起家族的良心，又让他写信劝弟投降。

对一个具体的人来说，气节这种东西，太形而上了，也太虚幻了，当真正的残酷来临时，骨子里的东西就出来了，一种叫作良心的东西——

刘辟造反了。

刀架在脖子上。

剑南幕府的幕僚们，面临一场可怕的大考。

在刀枪面前，片片清高自诩不过沦为一地鸡毛，选择朝廷还是刘辟？统一还是分裂？死亡还是生存？气节还是苟活？

幕僚们真相毕露。有的鼓掌欢迎——是在刘辟替位之前，便与其交好的，这次刘辟造反，他们更是出谋划策的主干力量……

有的经受住了考验，他们被刘辟押到刑场，依然梗着头说："要杀便杀，只是让我服从你，是做梦"；

但大部分人选择了沉默的顺从，包括未来很多鼎鼎大名的名士，生死之际，得先活着，不是吗？

可是小人物，并非文人，不应该道德感那么重的女人薛涛却站了出来，颤抖地说："我反对。"——她想做，这个。

薛涛不是什么伟大高尚的人物，也不是为国献身的仁人志士，这是男人们的戏码，不论生死轮回，那是他们的热闹。倘若薛涛放聪明些，大可回归官伎本色，跟乐营里其他姐妹一样，在粉黛盛装里，迎送着每一位胜利者的驾临。

虽然说从前一直倾向朝廷，但现在只要她肯屈身，刘辟用人之际，再怎样，也不会跟一个女人计较什么……

但是她还是站出来了，大灾难的降临也不能改变一个小女人的直觉，这种直觉虽然微弱，却犹如星星之火，在众多男人跪倒在屠刀前时，嘹亮燃烧——这是不对的！

她也脆弱，也自私，也虚荣。只是这次，再不是逞能炫耀，也非自我世界里的小打小闹，更不是个人的悲欢爱憎，甚至超越了生存智慧的成熟圆通——这是一种本能。

薛涛对着刘辟的屠刀，也是怕的。

薛涛对着幕府的安逸生活，也是喜欢的。

但是有一种东西，比这一切更重要，更根本，更理所当然，更值得牺牲！

薛涛颤抖地从人群站出来："我反对。"

有时候，那自然生长的良心，比那冠冕堂皇的道德说教，更靠谱——小人物薛涛，做出了属于自己的跳跃。

20. 掉入底端

然后……

掉下去！

公元806年，薛涛踉踉跄跄到了松洲营地，在“五千甲兵胆力粗，军中无事但欢娱。暖屋绣帘红地炉，织成壁衣花氍毹。灯前侍婢泻玉壶，金铛乱点野酡酥。紫绂金章左右趋”的将帅娱乐里，像一个真正的妓女一样唱歌跳舞……

刘辟不是韦皋，他跟薛涛之间，没有一点点梦幻里的羁绊，薛涛既然站在了自己的反对面，那就意味着她永远待在这里了。没有韦皋的暗中关照，又不是男女之间的赌气，生活血淋淋地在薛涛的面前摊开，现在，她就是一名妓女。

在上战场之前的男人的恐惧里，她需要提供肉体的安慰、姿色的抚慰，需要唱曲，需要跳舞，需要陪睡。25岁的“老女人”，从头再来，在众多年轻貌美的后辈的鄙视里，成为最尴尬而笨拙的营伎。

人最倒霉的时候，千万不要想当年，而就在一年前，她还是幕府里那些文士、那些官员们梦寐以求的女人，她还拿着架子不愿接受他们的追慕，她还逞着能耐要跟他们平起平坐。如今，她却跌倒在最底层的地狱里，从头再来，是要做回一个最原始的女人才能继续的生存尴尬——她一辈子想要挣脱的“卖身”，又来了……

军帐，星空，大风。

薛涛裹紧身体，抬头望着星空，一行清泪，唰啦啦流了下来。她被占有了，就在刚才，以最不情愿的方式，被占有了。生活不是电视剧，危急时刻并没出现英雄。现实就是，侮辱、忍耐、尴尬与谄媚。因为，如果不被这个男人占有，还会有更多男人，更多粗鲁的男人，薛涛拼尽了力气，用剩余的那点点生存理性，挣扎出一副笑脸来接纳。这几年来，她早已刻意隐蔽自己的性别，早已不再妩媚多姿，只是在男人心里，只曾是韦皋宠姬一项，便胜过那些更加年轻貌美的后辈们。

呼啦啦的大风，吹过军帐，发出凄凉的呜咽，薛涛紧咬牙关，不让自己的哽咽声从喉底溢出，只紧裹住身体。眼前白茫茫一片，都在看不清里模糊下去，仿佛自己的命运里的必然劫数。

韦皋死了，自己的那个保护罩被硬生生解开了。幕府同僚们自身难保，没有人会出来替她说话。刘辟这样厌烦自己，如果朝廷容了他，允了他的要求，那么自己的一辈子，就在这里了吧。

在这里？

薛涛回头看看军帐，这个男人，自己几乎没有来得及说几句话，他终究有厌烦的那一天，那么，以后呢？是被更粗鄙的士兵占有？还是被掠了吐蕃去，成为蛮子们的娱乐？

薛涛倒吸了口凉气，脑海里回想起刚才——隐约看到有把刀，是的，有把刀。薛涛轻踮着脚，回到军帐里，听着鼾声微隆，放心地拿起那把刀。是军营里最常见的陌刀，抽出时，长长如剑，在微弱的光下，发出清冷而微小的响声，似乎催促，又似乎，冷笑。

薛涛走出军帐，跪下来，闭上眼睛，横刀在颈，四周一片死寂，静悄悄，静悄悄……无尽的黑暗里，是那个瘦弱的身影颤抖着站出来，对刘辟说，我反对……

“当啷”，她颓然放下刀。

她不死，她的受难是有意义的，因此哪怕跌入无尽的黑暗，哪怕受尽无穷的凌辱，哪怕永远爬不出了，她都不死！

远处，命运之神，露出莫测微笑。历史时钟嘀嗒嗒，“天时”钟开始回摆——蜀中之战。

唐宪宗封高崇文为左神策行营节度使，命他为征蜀元帅，统率神策京西行营兵马使李元奕、山南西道节度使严砺、东川节度使李康讨伐刘辟，又命度支郎中敬宽为山剑行营粮料使，作为大军后勤，大军西征。

根据历史学家们考证，当时兵力相差不多，都在七八万人左右，取决胜负的，是民心、军望。

而刘辟毕竟不是韦皋，没有那么大的号召力，也没有那么强大的统帅力，他所任用的几个将领最后纷纷战败，军士们由于造反的心理障碍，战斗力不强，又加上朝廷所派的几位将领善于用兵，一路秋毫无犯，因此甚得民心（有一个士兵因为在商家用饭，折断了人家的筷子就被高崇文斩首示众了）。不久，刘辟败退被擒。

一场纷乱就这样结束了，那徘徊在韦皋心里许久的挣扎，在迅速不及掩耳的瞬息间，土崩瓦解——韦皋地下有知，不知道该哭还是该笑。

当然，这件事情唐宪宗要笑。剑南四川为唐廷重镇，韦皋在世时其实等同于河北三镇，俨然一个水泼不进的独立王国，只不过韦皋表面上更听话而已，而如今，却真真实实落入了朝廷手中，这个当年老祖宗唐玄宗待过、祖父唐德宗待过的避难所，终于回来了。宪宗做梦都要笑。

另外很多人却要哭。当时刘辟造反，很多幕僚是跟随的，即使心里不愿，碍于形势也不得不相随——他们被抬举起来的时候，骨头总是硬的，如果秀才遇到兵时，骨头反而软了。现在朝廷派军镇压，他们变成朝廷反贼，只不过幸运的是，统帅高崇文没有株连甚多，很多人被无罪释放，其中房式、韦乾度、独孤密、符载、郗士美、段文昌等名士，算是勉强逃过一劫。

历史时钟嘀嗒嗒，“地利”钟开始回摆——

边疆乐营。

乐营的营头早就知道她，但是韦皋死了，新大帅要惩罚她，军令如山，他怎敢插手，再者朝廷与蜀中之争，胜败难料，他自然不会轻易偏倚，所幸薛涛一来，就被某个军将看上，似乎相处得不错，而且歌舞娱乐之际，也没为难她什么。

营头觉得薛涛并没有受什么伤害，不是吗？她一直是顺从的，赔笑的，但最多的，是面无表情、木然地承受着所有的一切，冷漠地看着同营姐妹们的争风吃醋、悲欢爱憎，却从来没有流过泪，因此营头觉得，薛涛这段日子过得应该并不差。

只是边疆环境苦，薛涛又是当年反对叛贼才来的，现在是封赏功臣之际，这样一个有背景的女人的未来会怎样呢？

新任节度使高崇文似乎并不擅诗，是个不懂得文才的粗人，是否能把她接回？一切都不确定，但也不能得罪她。因此，薛涛的处境慢慢好了很多。

只是薛涛一直沉默着，面无表情地沉默着，不再赔笑，看起来却越发抑郁，现在不必夜夜去歌舞陪酒，有时间只呆呆坐着，仿佛沉思，又仿佛恍惚，对应起来答非所问。营头一边看，一边暗暗担心，不是疯了吧？

历史时钟嘀嗒嗒，嘀嗒嗒……

21. 命运终于掉头

乐营帐内，薛涛呆呆地望着窗外，不远处的营帐中，传来丝竹宴的阵阵欢歌笑语。内乱刚刚结束，众人都松了口气，欢愉时自然更加痛快。只是，这一切跟自己并不相干。营头告诉她消息的时候，她悚然一愣，生活原来可以继续？自己居然还能“活”下去？二十多年的一生，轰然而过——

13 岁，拒绝做妾，走上那卖才不卖色的钢丝线。

19 岁，抛弃歌伎身份，走上那孤独艰难的幕僚生涯。

25 岁，拒绝偷生，走上这沦落到底的下等妓女之路。

为什么每次挣扎，都是更耻辱的跌落？自己究竟在折腾什么？

似乎仅仅是想要用才能，争取生存空间。

可这背后呢？

薛涛坐在乐营的军帐里，听着渺茫的欢歌笑语，徘徊着，有一种深远的痛楚，在胸腔中一顿一顿地缓慢袭来——她突然真正明白了：一路行来，自己所要的，不过一个大写的“尊严”！

而选择的，却是卖笑卖身之路！

正好拧了！

一种前所未有的耻辱感攫住薛涛的心，一种比被男人占有更甚的耻辱感漫天卷起……

如果生活所逼，或许还可以找到一个原谅自己的借口——但这是自己选的！

所有的错误，都是自作聪明；所有的屈辱，都是心甘情愿。说什么卖才不卖色，在那男人们的追捧里，在那英雄的宠溺里，在那歌伎们的嫉妒里，在那宴会之上的光彩里，又暗含着多少贪慕虚荣的软弱？

即使后来千方百计追求的幕僚之路，其实还是卖笑的底线，他们对自己，是尊重，是羡慕，是欣赏，是利用，可她依然是个官妓。一旦形势变动，她也没有像其他幕僚一样被杀被贬被流放，而是被打回原形，恢复最原始的身份——妓女。哪里是什么女幕僚，自己就是个妓女！

薛涛开始浑身发抖，自己追求的，和自己走的路，正好反了。

怎么办？

历史时钟嘀嗒嗒，“人和”钟开始晃动——这个世界，有多少人会有勇气正视自己的错误？

有人选择逃避。

有人，则会接纳。

薛涛呢？薛涛呢？

“幻想光明是没有用的，唯一的出路是认识阴影。”

历史时钟嘀嗒嗒，东？南？西？北？

22. 飞跃而上——大破局

几天后，边疆。

薛涛向高崇文献诗：

贼平后上高相公

惊看天地白荒荒，瞥见青山旧夕阳。

始信大威能照映，由来日月借生光。

天地白荒荒，以为没有活路了，却见夕阳依旧，才知天道循环，日月都借着你的光辉，明亮如昔……

接到书信的高崇文这才想起来，被叛贼贬斥的功臣里，还有一个女人存在，那个韦皋宠了很长时间的著名官妓，于是他立刻下令召回薛涛。薛涛回来了！

十几日后，幕府。

昔日旧友再次相逢，生死一轮，万千心绪，一言难尽，所谓大梦同归，待罪的，恐慌不安；立功的，趾高气扬。她突然领悟到，自己跟这些人是不同的。

当年拼了命要摆脱官妓身份，苦苦追求跟他们一样的幕僚角色，自是仰慕、憧憬与模仿。但是不知为什么，薛涛就是薛涛，士大夫就是士大夫，无论怎样的模仿，总有一些根本的东西，是无法相容的。

比如，他们贪虚名。

见惯了幕僚们高高在上的嘴脸，也见惯了他们的忠心示好，那些曾经跟她一个阵线的同志们，却多数在刘辟的刀枪威胁下，沉默屈服。从地狱爬上来的她，歪头看着他们，提笔："王家山水画图中，意思都卢粉墨容。今日忽登虚境望，步摇冠翠一千峰。"

从前见到的是王宰笔下的斛石山，感觉都是水墨的颜色，等到真正登山此山，才发现真是千姿百态啊！

她歪着头，看着他们，曾经的偶像们，曾经的同志们，她知道，有些东西，彻底决裂。

与他们决裂，就是与曾经自以为的"幕僚"身份，决裂！

几天后，庆功宴。

薛涛重新坐在了节度使幕府的上座上，风采依旧，而摇曳生姿得更像一名纯粹的官妓。不通文墨却附庸风雅的高崇文，因早听说过这位名妓的盛名，好奇试探："你能行一字令否？须得一字象形，又须逐韵……"薛涛点头说能，高崇文仿佛早有准备："口，有似没梁斗。"

薛涛立刻还令："川，有似三条椽。"众人哗然而动，早闻薛涛大名，今日一看，果然是一流人物，而且大帅又十分嘉许，自然众口谄媚。

高崇文大悦，这种悦不是男女相悦的悦，而是奇货可居的悦。是的，奇货可居，一个武人，欣赏一位才女的惊奇、新巧、可爱。薛涛亦巧笑嫣然，卖笑讨好，温柔乖顺。高崇文再次大悦……

摇曳生姿！

一个月后，节度使府前。

新任节度使武元衡到任。

这个被称为唐朝第一美男子的男人，是武则天的曾侄孙，贵族之后，进士出身，博学多才，风度翩翩。德宗听说他多才，召他入对。他滔滔不绝，谈平生抱负，临走之前，德宗对旁边人感叹："元衡真宰相器。"顺宗继位，王叔文等书生弄的"永贞革新"，要提拔他加入"革新派"，当时革新派正炙手可热，他却拒绝。顺宗去世，革新失败，革新党们杀头的杀头，流放的流放，他被提拔了，宪宗赏识他沉稳明智，让他做了御史中丞、户部侍郎，几个月后，入阁成为宰相。

那年，他四十八岁，花样年华随风飘荡，宦海沉浮里看尽沧桑。再也不是当年那个延英殿里对着德宗侃侃而谈天下一统的毛躁小伙儿，而是一位智者，一位官僚，一个将要大展宏图实现政治抱负的政治家。这个时候，宪宗说："你去剑南吧。"

他无言，虽然不愿，但是剑南重镇的地位不言而喻，高崇文只是武将，虽有军功却不善治理，此去蜀中，是历练，是考察，也是需要。于是启程，千里迢迢，长途跋涉，而终站在幕府前，看到了高崇文盛情相迎的笑脸。

节度使府衙里，豪华富丽的气息依然熏熏相递，萦绕满梁。他微微而笑，听着高崇文的抱怨、表功与表白——朝廷里早已知道这位武将的心思，既然他愿意交出节度使大权，这些牢骚也是应该。他侧着身子，倾听着，理解性地点点头，眼睛却扫视着宴席里的每一个武将、幕僚——据说，高饶恕了大半追随叛贼的文士们。收买人心？一丝不经意的悸动掠过脸庞，却马上变成了更加和煦的微笑，荡漾在空气里，点点滴滴，像雨又像风。

吟诗，唱和，他没有准备几首，就拿出了路上信手写的，众人看了纷纷击节赞赏——高崇文也不过略通文墨，而这位新任长官却是进士出身，满腹经纶，正经诗人，博学多才，风度翩翩。众人随即唱和，诗词里充满了阿谀奉承的卑躬屈膝——刘辟事件刚刚过去，恕他们无罪的是高崇文，而这位新节度使究竟是何意图，是继续前任政策还是秋后算账大开杀戒？仕途前程，生命无度，屋檐之下，又能如何？

他微微而笑，礼貌客气地收罗着众人的恐慌与不安。

突然，有个女子渺渺开口唱和："蜀门西更上青天，强为公歌《蜀国弦》。卓氏长卿称士女，锦江玉垒献山川。"

他一愣，抬起头来。那个女子站在烛光四射的一角，年纪已是不轻，偶尔有些沧桑的痕迹，仿佛堆积在岁月的苔藓，映衬出些打磨过的圆润。她也在微微而笑，盈盈前驱，恭敬施礼："官妓薛涛，拜见武大人……"

薛涛？

武元衡亦是久闻其名，破落官宦家的女儿，欢场里的交际花，韦皋的心腹，幕府里的温柔可人儿，因为明确支持过朝廷而被贬，历经两次边疆沙场里的磨炼。如今，一名官妓，清晰明确，却站在那里，落落大方，顾盼有神。

接风宴席，眼花缭乱的万花丛中的一瞬间，他记住了这个女人。

清晰明确！

几个月后，节度使府衙。

武元衡看着这个女人，心里充满了惋惜与叹息。官妓，官妓，命运重重地放在节度使们的手掌里，放在他武元衡的手心里，她竟然直接说，我要脱离乐籍，而他，竟然点头。

然后，薛涛开了一个造纸作坊，几个月之后，薛涛笺出世，一时洛阳纸贵，轰动天下。

一年后，溪流边。

成都传出一个爆炸性消息，剑南川府节度使武元衡再次奏请薛涛为女校书，一时沸沸扬扬，路人皆知。而此时此刻的浣花溪旁，当这个女人听说此事，眼泪终于哗啦啦流了出来，她跪在溪水边，多年性情，已经不会是激情如火号啕大哭的架势，却让眼泪如河如泉，如川如江，流淌了一地……

飞跃而上！

努力没有错，但是校准方向更重要，如果你想得到尊严，却用最卑贱的身份，那只能一次又一次地轮回——一年前，那个乐营帐内，那个傍晚，薛涛停止了发抖。

她撩起幕帐向外看，无边无际里，茫茫盛景。她握紧了拳头：绝不自戕自伤，绝不自哀自怜，绝不自我摧残。她会活着，她更要“大写”地去活着，哪怕艰难万分，哪怕天下之耻，哪怕大错已成，她薛涛都要好好去活！

目标模糊过，方向错误过。但，又如何？

任何时候，只要你想，都可以从头再来！

历史时钟嘀嗒嗒，校准方向的“人和”钟，大幅度开始回摆。

23. 回成都府去——第一步

脱离乐籍，有尊严地活着，一场更辛苦的生存之战，拉开序幕——

第一步，先回成都府。有权力能把她召回成都府的，是刚刚打败叛贼刘辟的主帅高崇文，可惜自己并不相识，虽然这次论功封赏，自己也算有功的，但已经胜利了很多天了，一直迟迟杳无音信，看来高崇文并不知道自己，或者他根本不在乎自己，不屑于理会自己，或者，他认为自己是韦皋的心腹，故意忘记自己？

按照正常逻辑，似乎应该写一封求告信，提醒一下这位大帅，自己也是这次叛乱中的功臣的……薛涛摇摇头，提笔却写下了“始信大威能照映，由来日月借生光”的诗句。很快，高崇文把薛涛召回了成都。

如何让别人听取你的建议？

如果你直接提出，很多人会在逆反心理下回绝，可是如果你迂回的话，则更容易成功。

有位名人说：“如果想让别人高兴地替你做事，一是给他自尊，二是巧妙地让他认为，这是他自己的想法。”

薛涛并没有直接恳求高崇文召回自己，也没有吹捧自己的功劳（自然有旁人跟他说），她写了首颂诗，吹捧高崇文最得意的一件事：打败反贼，并且“提醒”他，他的光芒，照亮了许多人，改变了很多人的命运……

他就会自然联想这首诗的主人薛涛，这位被刘辟迫害的可怜官妓还在边疆待着呢。于是，很快，她回到了成都。第一步，成功。

曲线思维的太极推手，才是高手。

24. 讨好长官——第二步

回到成都府的薛涛，百媚生姿地坐在宴席上，像一个纯粹的官妓那样，尽职尽责地讨好节度使高崇文，以及立功受奖的众位将士幕僚们，这当然不是因为害怕，也不是灰心丧气，而是要实现目标的第二步——获取节度使的好感。

在唐代，官妓的命运是掌握在地方长官手里的——如果说从前，薛涛在与韦皋的关系里，还带着一些朦胧而任其自然的人性真诚，现在却是利益相关，目标清晰——史载这个男人“性朴重寡言……不通书”，那怎么做才好？

如何获得上司的好感？

答曰：看清上司对自己的“潜在要求”。

很多事情，不是上司说出来的，而是他想要的，却不愿意表达的，如果你做到了，你就能得到他的认可和器重。

隋朝有个官员叫袁充，特别能看出上司的真正想法，隋文帝杨坚晚年的时候，想废除太子，立二儿子杨广为太子，可是唯恐大臣们反对，只能闷声不语。此时袁充看出杨坚的真正心思，主动跳出来说：“我夜观天象，皇太子应该被废除。”

杨坚大喜，废除了太子，立杨广为太子，并大赏袁充。

后来杨广被外派离京的时候，遇到了大雪，而且京都发生了强烈的地震。大臣们都上书，认为这是废太子的不祥之兆，杨坚沉默不语，甚至也表示了悔意。

正在这时，袁充又跳出来，甚至跟皇上唱反调说：“这是本朝太平盛世即将来临的预兆，这才是祥瑞。”

众人无语，杨坚却心中暗喜，不停地提拔奖赏袁充，袁充于是一路高升，最后成了秘书令。

高崇文的“潜在要求”是什么呢?

据说这位是个不通文墨的武人，却附庸风雅得很，想要表现自己“文武全才”。于是，宴会之上，出现了著名的一字令事件。众人的意想里，都佩服薛涛的才思敏捷，连各种野史的记载里，也当成这位才女的拍案惊奇来表述，可是谁知道呢?

高崇文的文墨不是很精通，薛涛自然不能用特别深奥的文采来出他的洋相，而能适当显示高崇文的“文采”的，也只能是口令，尤其是通俗易懂的口令，所谓“川，有似三条椽”的对应，不仅能衬托起高节度使的才思，也能呈现出她薛涛在高崇文眼里的最大的价值——“爱才”的一种象征。至于是当作新奇的玩物，还是懂得爱才，薛涛不用考虑，只要能把握住高崇文这种微妙的爱好，就能获得他的好感。

薛涛的目的达到了，第二目标的基础已经具备，当薛涛想再进一步的时候，调令突然来临，节度使再度换人，大宰相武元衡来到了成都，很快扭转了薛涛的命运螺旋。

25. 巧妙脱籍——第三步

薛涛第一次遇到武元衡，正以狐狸精样的姿势坐在高主帅的节度使府之中，艰难地谋算着下一步的生路，却突然，见到了换位的那个人——不同于高主帅的威武，却是才华横溢，俊逸潇洒的高雅，拿出的诗词亦令人眼前一亮，那是连韦皋都不及的诗才，那是一个真正拥有诗人灵魂的长官、上司，她的另一位主人。

薛涛笑了，因为这个男人一首《题嘉陵驿》，她就知道该怎么做了，她越出众人，和诗："……卓氏长卿称士女，锦江玉垒献山川。"

那个男人果然一惊，抬头注视着她，她亦收起狡黠的媚态，拢住长袖，孑然而立，长笑浅浅，仿佛一朵雪莲，在绚丽缤纷里，悄悄静开，那个男人并不掩饰自己的惊异，她便也落落大方，盈盈下拜："婢妾薛涛……"

武元衡说："悠悠风旆绕山川，山驿空濛雨似烟。路半嘉陵头已白，蜀门西更上青天。"

这个男人在想什么？

薛涛看到了，他正带着随从，在嘉陵江右的泥泞小路上蹒跚而行，小雨蒙蒙掩藏着陡峭的山崖，那些琐屑里的跋涉与远离京都核心的失落，染满了落寞而忧郁的脸。薛涛点头，大胆上前，劝一声“卓氏长卿称士女，锦江玉垒献山川”——这里是艰难，是荒僻，是遥远，但是这里山清水秀，这里人才济济，作为大唐李家王朝的后院，正是宰相您大展宏图的好机会啊！

男人的惊讶，正是在这里。薛涛没有像其他幕僚那样吹捧，也没有小心翼翼地迎合，而是犀利地看透与劝诫。一个女人，一个不过二十多岁的女人，这样的见识与胆量，是从哪里来的呢？

其实，他不知道，如果他是高崇文，薛涛是绝对不会这么做的。

薛涛赌的，就是自己的看透。

那个时候，这个男人急需招贤纳士——从离开京城伊始，他就召集了大批的诗人、文人，到蜀中西川以后，更是“开府极一时之选”。在他的人才储备库里，出了名的有李虚中、宇文籍、柳公绰、裴度、裴堪、张正一、崔备、卢士玫、杨嗣复、张植、徐放、萧祐、独孤实、王良士、邢君牙等。其中杨嗣复出将入相，裴度更是功封晋国公，成为大唐中兴名臣……

他礼贤下士，几乎到了极致——有一次在宴席上，西川从事杨嗣喝醉了，强逼他用大酒杯喝酒，而他不肯喝的时候，这个喝醉了的男人居然把酒浇在了他的身上，还嚷嚷着“我给你洗澡”，可他一动都不动，等对方把酒浇完，缓缓站起来，回堂换衣再出来，终无不悦之色。

于是，薛涛是直接提出脱离乐籍，没有任何曲折暗示。

武相您不是尊重人才吗？那就从我薛涛开始吧，虽然我是个官妓，可是诗名满天下，如果你连我都非常尊重，所谓“不拘一格降人才”，天下谁人不来？薛涛束手敛立，诚惶诚恐。

武元衡吃了一惊，盯着她看了好一会儿，他其实是需要她的，幕府也是需要她的，但是她说，她只做幕僚，不再做官妓了，武元衡沉默了，一个官妓的胁迫，总是让人难堪的，只不过，宰相就是宰相，一个月过去，他主动提出来“是否需要脱籍”时，薛涛微笑。

古时，有君主求千里马，三年都得不到。有人主动请命，为君主找千里马，结果一个月后，花了五百金提着马头回来了。君主大怒说，我要找的是活马，你找来死马有什么用呢？那人不慌不忙地回答：“死马君主都买了，何况活马呢？天下人知道您这么爱马，很快就有人主动给您贡献活的千里马了！”

示范效应。

招数千千万，曲中自有直。

公元806年，官妓薛涛脱籍。

26. 经济独立——第四步

公元 807 年的某个萧瑟秋日，成都幕府里人人得知，薛家娘子脱籍从良，人人皆道那个男人有本事——那个纳了薛涛的男人，可是等候多时，那个“男人”也没出头露面，倒是薛涛依然在幕府里走动，不久，消息传来，原来她并未嫁人做妾，而是自立女户，开了一个造纸作坊。

一众哗然。

那个时代，独立女户并非没有，边疆吐鲁番就有这样的“大女”，她们独立纳税，拥有田产、房屋、奴婢，不再称“某某氏”，而是体面地拥有全名——可人家那是不得已，死了丈夫而守寡的不得已，嫁人未遂的不得已。但薛涛身后，却是一串又一串冲着她身上“英雄爱姬”的标签以及名动天下的诗才而追求她的候选男人。一个女人好端端的却不安分于深宅后院，抛头露面开什么坊？——当薛涛对武元衡说“武相，我盘下了一个造纸作坊，在浣花溪边”时，武元衡的眼神里，正是这种疑问。

薛涛没有应答。眼睛里，是淡淡悲哀。

多年前，身份自由的小薛涛，因为生活的困窘，选择了卖才不卖色的钢丝线。

多年后，脱籍官妓的大薛涛用自己多年的积蓄，在蜀中造纸中心的浣花溪，开了一个造纸作坊。

并且，她认真也用心，当看到纸坊里的工匠们常用原料檀皮，只有砍、捶、捆、泡、铡、煮、浆、碾、洗、滤、透发、抄、揭、晒、设色等工序，只涂上惯常的黄色，裁成随意的规格时，她就以女人的聪慧，以诗人的眼光，让工匠们榨花为色，裁纸为方——薛涛笺诞生。

不久，精致的小笺就放在后宫的案头、贵族们的案头、风雅才子们的案头，京城轰动，一夜之间，薛涛拥有了很多钱……

都说女性不具备“敢于冒险、独立自主、雄心勃勃、热衷创新、富于理性”的成功品格，不具备丰富的社会资源，不具有强大的团队魅力，——可是历史上唯一的女皇，却能开辟盛世！

男人们惊讶地望着她，武元衡惊讶地望着她——蜀中麻纸本是京城内府的主要供奉，每月几乎要有五千番的用量，面对着“高崇文既发成都，尽载其军资、金帛、帟幕、伎乐、工巧以行”以致“蜀几为空”的凋落，他正一筹莫展，薛涛的纸，薛涛的小笺，撕开了一个裂口，他终于知道怎么下手了。

不久，剑南川府节度使武元衡再次奏请薛涛为女校书。从一个官妓到朝廷校书郎的不可能，是普通人眼里的咋舌，是文人眼里的不可思议，是妓女们的不敢去想，却成为薛涛的现实可能——

女人们总想，“我是个女的，我应该怎样怎样，或想：男的都做不好，我怎么会做得好呢？”

女人们总想，“如果我做了这些，成了女强人，会不会失去了女人味而不再像一个女人了？”

这样的自我限制，让她们逡巡不前，可是只要你肯，世界就在脚下。

薛涛终于意识到争取“尊严”最正确的道路，不是成为男人，模仿男人，而是——身份自由，经济自立！

那是什么呢？

女户！

然后，她做到了，她错过，可是她肯改，她幼稚过，但是她肯成长。

其实世间万物，于黑白两级之间，于艰苦与卖色之间，于规则与潜规则之间，都有条中间正道——只要你肯去面对，就会找到。

因此，官妓还是校书郎？卖身还是卖才？没有答案。世间合力里，薛涛再也不是那个蔑视经商的官宦小娘子，她回头，她肯做，她用心，百无禁忌，而终成神。

时钟摆啊摆，薛式破局术之二十五岁，彻底出局！

27. 一生之“红”局

不过，有些东西沉淀在心里，终究无法完全释怀。

纸坊里，工匠以何色为主。

薛涛在案头的各色里迟疑了许久，终于指向了那碗深红色的芙蓉汁，她的本命红。

红色在心理上象征激情，特别是潜意识中被压抑的激情，同时还表达一种潜意识的愤怒、仇恨情绪。

薛涛的一生，似乎注定经历不同的红。

幼年的红，是生命能量的天才爆发，“枝迎南北鸟，叶送往来风”的诗才，是父亲的骄傲，亦是自己的立足之处。

少年的红，是用自己的法子叛逆着世俗法则，用自己的骄傲走着卖才不卖色的钢丝线，也曾经不管不顾的热情如火，也曾经“绿英满香砌，两两鸳鸯小。但娱春日长，不管秋风早”的年少轻狂，穿着红色衣裙，穿梭在宴席之上……

青春的红，是英雄崇拜的暴走，当那个男人站在自己面前时，眩晕的不仅仅是感情、理智，还有一种深度的、不可解的莫名渴望——最大可能地，在英雄面前实现自我价值！于是，她入了贱籍，做了一名红衣官妓，在万众飘逸里，是幕府头牌的虚荣，也是生命转向的倔强。正是不肯甘心的红，指引着她投入了一场关于性别的革命，一场不肯流俗的战斗：从官妓，到女校书。

现在的红，是自立成熟的沉淀，脱离了贱籍，恢复了声誉，独立了经济基础的红。她脚踏实地两脚站立，这样的红色，是喜气洋洋的，是过年，是结婚，是归宿——薛涛迟疑了半会儿，指向了那碗深红色的颜料。她的薛涛笺，正是以这样的祝福开始，属于她自己的，新的人生祝福，那灿灿的颜色，正是一个女人，在这个世界上，最普通最渴望的皈依——家。

很多年后，薛涛又邂逅了一种红，她隐居浣花溪边，在“晓霞初叠赤城宫”与“竞将红缬染轻纱”的静极绚烂里，回味着，徘徊着，不甘着，而准备再次跳跃。

最后的红，是离开这个世间的前一年，她拄着拐棍登上筹边楼，红衣，白发，极高之处，望远而歌，那红，就彻底沉了下去。深红，真正属于她的，深红。

薛涛的一生，是红的——局。

28. 在此之上

但，这是否就是尽头？

人生境界无穷尽，那个救自己脱离贱籍的男人，将永远站在她记忆的上方。

六年后，她请将要回京的卢员外代为传诗，“信陵公子如相问，长向夷门感旧恩”。她称武元衡为信陵君，说自己是夷门侯嬴。

八年后，那个人在长安被刺客暗杀，躺在政治血泊里。

蜀中的她，很长时间沉默不语，只是偶尔在旧时同僚的相遇里，流露出绵延不尽的悲伤，“惟有碑泉咽不流……”

怎么说呢，这似乎是个长久的误会，也是一个长长久久的遗憾，就像一个永远没有答案的谜题：男与女之间，有真正的友谊吗？又或者，其实薛涛也认为，这样的距离才最美——那段信陵君与侯嬴的距离。

七十岁的侯嬴，夷门看守小吏，面对着魏国公子信陵君的礼物，推辞说：“我地位卑下，不能接受君子这样贵重的礼物……”

信陵君很意外——他见过的阿谀之徒太多了。

七十岁的侯嬴，夷门看守小吏，面对着魏国贵人信陵君的邀请，面对着他给自己腾出的马车“左位”（春秋时以左为贵），收拾了一下破帽破衣，毫不客气地站了上去。

信陵君微微惊讶。

七十岁的侯嬴，夷门看守小吏，知道信陵君家里一堆人正等着他们开宴，却故意对信陵君说：“我想去探望一位市场上卖肉的朋友，你能不能随我一起前往？”

信陵君点头首肯。

七十岁的侯嬴，夷门看守小吏，站在市场上，跟自己的朋友朱亥谈天论地，不管贵公子还站在一旁等候，也不管拥过来的人群，偶尔，余光里藐着信陵君的眼。

信陵君低头，束手候立。

侯嬴笑了，他对信陵君说，我是想成全公子的名声啊……

武元衡看着薛涛的狡黠笑容，默默配合。

我们永远不知道，正如在漫漫人生里的所有转身，错？对？好？坏？谁也不清楚，那个时候，从地狱爬上来的薛涛，是一匹成熟的战狼，目标明确，斗志昂扬。是的，她也成功了，不到两年的时间，就把脱下的衣服穿了回来，回到成都，脱离贱籍，奏请校书郎——她要明明白白告诉世人，她薛涛虽然做过官妓，却比别人更有尊严！

可是，这样的谋算，这样的心机以对，这样的逞能，武元衡解了她的贱籍，奏请了她的校书郎，里子面子，都给足了。一直一直以来，她都觉得这是自己的智慧，是自己的谋算，是自己拿住了这个男人好名而急于政绩的“把柄”。

然后，然后呢？

六年后，这个人离开，带着治理蜀中的政绩，带着安定边疆的功绩，去了京都长安，进入了政治斗争的核心，在筹谋多时的唐宪宗的指挥下，充当了国家统一的先锋宰相，一年后，因为坚决执行“镇压藩镇”的强硬路线，被刺客暗杀。

那是元和十年六月三日，凌晨。

黎明正静悄悄。

朱雀大街的东第二街与第三街之间的靖安坊门“吱呀”一声启开，这个男人在护卫的簇拥下上朝去，街道上有上朝办公的官员，有商人行人，马蹄声、车轮声、脚步声混杂一片，像极了一个波澜不惊的普通往日。

一步、两步、三步……一百步，就在接近延手门的东西大街当口，突然，黑暗里有人低喝“灭火！”瞬息之间，火把全被灭掉，陡然的黑暗让所有人都是一愣，有机灵的卫士呼喝：“你想干什么？”“蹭——”男人肩膀中箭，有武士忽然从大树高处跳下，没等男人反应过来，就砸在男人的腿上一记锤，然后拖着男人的马狂奔向前，卫士们早被刺客杀乱了阵脚，冲散了一阵回过神来，才发现男人已经不见。

人们奔走呼喊，很快，负责京城安全的金吾卫接到报案，在靖和坊东山角的墙外，武元衡——当朝首席宰相，躺在了血泊中……

据说唐宪宗大吃一惊，召集其他宰相，在延英殿垂泪以对。

据说，那天，是个艳阳高照的万里晴空。

据说，管理金吾卫的京城尹默然了，因为他接到刺客一张纸条，“你如果急切逮捕我，我就把你也杀了”；

朝廷默然了，“全朝震栗，不知所云”；

从前主战强硬的臣子们也默然了，他们惊慌不安地加强护卫，剑拔弩张地忙着保护自己。

没有人敢出头，强权一下子压倒性地震惊了所有，藩镇的力量，不仅仅是口耳相传里的兵强马壮，而是血淋淋活生生地逼在眼前，让你不得不对视，不得不承受，大家都——害怕了。

接着，有人上疏建议召回平叛之军，先平定京城之乱。

接着，有人上疏说，强硬的平叛政策是行不通，会给皇帝和臣子们带来灾难……

一片喧嚣中，终于步出一位古稀老者，拄着拐棍孤身一人上前，以吏部侍郎之身哭谏："昔汉廷有一汲黯奸臣尚为寝谋，今主上英明，朝廷未有过失，而狂贼敢尔无状，宁谓国无人乎？然转祸为福，此其时也。莫若上闻，起裴是丞为相，令主兵柄，在索贼党，穷其奸源。"

皇帝泪流满面，拍案而起。

跟随这个男人一起执行强硬路线的裴度重新被任命，朝廷依然执行主战派策略。大搜索开始了，全城贴出告示："能捕贼者赏钱万贯，仍与五品官，敢有盖藏，全家诛戮。"无论平民百姓，还是公卿将相，无论宅之夹墙，还是车之双层，无一不开启严查。不久，刺客被抓，再不久，执行不力的京城尹被贬，连同第一个上谏书的白居易，也因为越职擅权而被外放。

一个月之后，裴度再度复起，淮西平叛再次启动，他对皇帝说，"臣若贼灭，则朝天有期；贼在，则归阙无日"，亲赴前线督军，于是有了大将李愬雪夜袭破蔡、活捉吴元济的传奇，有了众藩镇纷纷向中央表忠心的“元和中兴”，有了大唐盛世的回光一览……

太阳终于升起。

可惜，那个倒在血泊里的人看不到了。

那个时候，薛涛正在另外一条道路上战斗，正在与元稹的交往里爱恨纠葛，蓦然之间，这个男人的死讯传来，宛如清空里划过的霹雳，轰隆隆，惊醒了生命深处的悸动——

侯嬴七十多岁了，经历了太多人世沧桑，看过了太多沽名钓誉，满腔才华而甘心小吏，不过愤世嫉俗，不过冷笑人间。然而，就在秦国伐赵，赵国求救，魏国国君惧祸不肯出兵，信陵君深知唇亡齿寒之理，欲带领自己的宾客前往赴死的那一刻，侯嬴终于被感动，他知道了，信陵君是认真的，从头到尾，信陵君的“爱才”都是真诚的，所以才能赢得了他的试探。这个世界，无招胜有招。

薛涛突然明白了，这个男人并非只是儒雅好贤的柔和，据说在跟淮西藩镇对峙的关键时刻，淮西吴节度使派人给他送礼，是被他痛骂回去的，他有他的刚烈，有他的倔强坚持，而之所以答应了她的各种要求，之所以肯成全她的心意，是因为他一直是认真的——因而，认真地“成全”。

因为他是有信仰的。

宦海沉浮十几年，他念念在怀的，就是“天下一统”，虽然他也曾抱怨过怀才不遇，也曾风花雪月过，也曾爱憎过帮派斗争。只是，只是，国家兴亡感，君恩臣义，拯救苍生，需要人才，需要更多更多跟他一样的同道人——

也就因此，薛涛的手腕，他明白；薛涛的谋算，他知道；薛涛的微笑，他也看见，但是他依然去“成全”，成全这个女人的心意，成全这个女人的尊严，只因为这个女人能以官妓身份而成就诗名，能因反对刘辟叛乱而被罚受苦，就值得去认真对待——这个男人，一直认真。

侯嬴出计：公子可以窃兵符，杀魏帅，领军自救赵。然后侯嬴说，公子到达魏军之时，我会北向而自尽……面对着这种真诚，刚烈的侯嬴要自杀以殉，最油滑的生存诡计，也终在仁者无敌的憨厚里，粉身碎骨。

薛涛，没死，她是个女人，没有那么多“士为知己者死”的勇气，却只把这个男人的影子深深沉寂，她把他放在生命的最深处，最神圣处——

“麻衣如雪一枝梅，笑掩微妆入梦来。若到越溪逢越女，红莲池里白莲开。”生命最高尚的超越里，那个男人一身白衣，优雅站立于红色汪洋里，如风如电，如梦如幻……

有一种东西，超越智慧，天下万局，莫之能挡。

第二卷

爱情之战

心理学大师杨格认为，每个人都身具“显性”与“隐性”(或称“影子”)人格。换言之，每人除了表现外在众人所见之“显性人格”外，还有个正好相反，潜藏心底的“影子人格”。

而每场爱，都是个人对“完整之我”（“The Quest To Be Whole”）的一次追寻。

1. 如果可以爱

薛涛站在浣花溪边，手里拿着东川节度使严砺的邀请函，信上说名闻天下的元大才子元稹很“仰慕”她，信上说，元才子现在贵为监察御史，正是蜀地官场的“尚方宝剑”，信上说，劳驾薛校书走一趟……

薛涛静静地看着初春的芙蓉花瓣被风吹入水中——

她本来可以推托的，她已经脱离乐籍，已经是校书郎，已经名闻天下富甲一方，自由独立，里子面子都好得很，用不着再听从谁的指挥——可她答应了。

如果你是她，你也会答应的。因为，毕竟是个女人。

身边一位事业有成的成熟女子，只是因为高不成低不就而一直独身，当我们恭贺她的某次成功时，她痛苦地说，其实这些我都不需要，我最想要的，是爱……

对于女人，过眼烟云的生命深处，也许根本不是转瞬即逝的众口交赞，也不是蒸蒸日上的功成名就，清透如爱玲，虽然也怒其不争地说过“怨的是男人，永远”，不是也承认过“花男人的钱是更有成就的一种快乐”。

无论幼稚的还是愚蠢的，无论清醒的还是理性的，男人，都是她们躲不过去的劫难，爱是图腾，是罂粟，是本能。

千年之后，有个女人静静地坐在民国车水马龙的喧嚣里，袖手旁观世人悲欢，却衰竭着自己的萧索，等待着不速之客的“闯入”……

千年之前，另外一个女人坐在浣花溪边，看着初春的芙蓉花瓣飘呀飘呀，轻舞飞扬的，是自己那颗躁动的心。

命运螺旋，转来转去。

花香寂寞，等待真心人来采摘。

元和元年（806 年），刘辟叛乱，东川节度使严砺正在京都准备协助讨贼，恰逢大才子元稹（字微之）策试第一，授左拾遗，春风得意之际，笑着跟这位节度使谈起了薛涛，那位死了的韦帅的宠姬，那位赫赫有名的女诗人，那位要封校书郎的官妓……

于是严砺“知微之之欲”。

元和四年，诗名天下的大才子元稹授监察御史，出使东川，严砺

"在位贪残，士民不堪其苦"，知道元稹来不是好事，托人情转薛涛，希望她能去见元稹，缓上一缓……

薛涛拍掉衣裙上的花瓣，抬脚起身，她决定去。强大的女人不会为生存而被动卖爱，不会因为寒冷而轻易偎依——因此，"我爱，是因我有资格爱。"

当然，也有"逼不得已"。

在漫漫人生之途里，我们会在多少不经意里，掉入进退两难的感情陷阱？

自从被迫罚边，英雄梦醒，爱情对薛涛来说，就成了生存战役的奢侈品，与尊严相比，它太轻，所以她只能抛在一边。

可是现在呢？每天都要混在男人堆里，并且都是青年才俊，并且学识渊博前程远大，怎让她不动心？

可大家似乎被她的厉害吓到了，所以只当她是红颜知己。

红颜知己这种东西，对男人来说，是青梅煮酒的清雅，看上去很美，但实际上呢？

不同于能够名正言顺地拥有整个男人、与他相伴一生的妻子，也不同于出于彼此需要、合则聚不合则分的情人，红颜知己的身份始终有些尴尬：她扮演着编外、替补的角色，时刻恪守自己的本分，不能相守也不能相伴。红颜知己是最了解他的旁观者，永远也不能介入他的生活，相对妻子得到的永恒温馨、情人得到的刹那灿烂，红颜知己收获的只是一份虚无的荣耀。

于是，薛涛无数次陷入这样的尴尬——

“延英晓拜汉恩新，五马腾骧九陌尘。今日谢庭飞白雪，巴歌不复旧阳春。”（《酬文使君》）

幕府里一位知己荣幸升官，显赫一时，而此时此刻，自有更好的才女来陪他吟诗，自己这位成都小女子，也顺理成章地从曾经的阳春白雪降级为下里巴人了。

老婆，人家带着，情人，人家领着，自己这种红颜知己，人家甩得天经地义。因为本来就是爱情友情的钢丝线，即使内心的酸楚拧出水来，也只能淡定微笑，必须淡定，必须的。

于是，独立自由了的薛涛，感觉自己又陷入了钢丝线——爱情的钢丝线。

非男非女的尴尬身份，不停地看人秀恩爱，薛涛觉得自己要受不了了。她不能这么模模糊糊下去，她要名正言顺、正大光明地找个男人，一个爱她懂她的男人。

会是谁呢？

2. 面带霜威卓氏前

元稹与薛涛相遇，既不浪漫也不传奇，却是“面带霜威卓氏前”。

是，风流倜傥的大才子“仰慕”过才华横溢的名妓，偶尔在玩笑里也提过这样奇异的女子。只是现在，他带着使命而来，带着宰相裴垍的期望，带着匡扶天下的道德情怀，还有生命里的一份不甘——与此相比，一切都将靠后。

他是鲜卑皇族之后，魏孝文帝拓跋宏的子孙，六代祖元岩是隋朝的兵部尚书，至唐朝而衰。到元稹父亲，已经沦落到郎官（低级官吏），并且在他八岁时已去世。母亲郑氏出身名门，独自将他抚养成人，孤儿寡母自然受人欺凌，最后只能离开长安投奔凤翔娘家，由于仍然是独立门户，他的童年、少年，一直极为贫苦。

靠着舅舅们的接济，靠着母亲的勤俭持家，靠着典当衣物拆东补西，元稹渐渐长大，官宦人家，终究不敢失了举业。由母亲亲自掌教启蒙，跟着亲戚朋友求教诗词技法，自称“栖栖勤勤”有志于学，他在想什么？

据说，当他长大以后，中举得意之时，他自谓“魏氏皇族之后”；据说，当他赴长安赶考再回那个曾居住了五代人的元氏巨宅（六世祖元岩所建）时，人生漫漫，这样一位敏感倔强的少年，天纵绝才，总有些不平。在那长长的回旋路上终止着他的脚步，让他总是服从于“理性”，服从于“现实”，服从于“通往核心之道”。

他不是地主出身、小门小户的白居易，不会满足于一官一地一方，在成长的岁月里，在被人接济的怜悯里，在母亲辛勤操劳的衰老中，有太多说不清的情结，驱使着他不断不断割舍，哪怕遇到生命至爱——

莺莺，普救寺，绝代风华的双文少女，美丽到极处，文采到极处，纯情到极处。“夜合带烟笼晓月，牡丹经雨泣残阳”，富家女子，却只穿着旧衣裳，脱俗秀丽，宛如夜里暗开的百合花，又像是经过风霜的牡丹，这样的香气，这样的娇姿，在混沌生涯里，是美得“前不见古人，后不见来者”的惊天动地。

一见之下，晴天霹雳，呆若木鸡。疯了，朝思暮想，辗转反侧，多次追求，总是求而不得，然后机缘巧合救了她们的生机，成了恩人，得到了老夫人的嘉许，少女亦能称声“表兄”，然后呢？只是家教甚严，不肯轻易相就。

少年情事，总是包含着太多莽撞的冲动，很多人奇怪的是，张生为什么不肯用正当途径（比如求亲）的方式得到莺莺，为什么必须采取偷情式的处理，谁又能想到呢？在那个男人心里，天大的热情总也包含着一种微妙的理性，那是多年来的肝胆不平，亦是自幼受人怜悯的自卑与皇族之后的自傲。其实，心底里，莺莺总是不配的——尽管她色貌双全，可是并非出身名门，父亲早亡，孤儿寡母，自己这般年纪轻轻的俊秀儿郎，正是天下贵族的夫婿首选。他不肯，不愿，但又不舍，莺莺太美好，青春是用来犯错的，他不管了……

红娘说，莺莺爱才，于是他写诗，惊得美人怦然心动，“拂墙花影动，疑是玉人来”。初夜的美丽，是战战兢兢亦是娇羞无限。两颗年轻的心，没有恩怨没有利益，没有生涯没有沧桑，纯真且美好，他怎能不感动？

一场惊天动地的少年往事，也许，原是要娶她的，少年相投的那种激情盎然，终于冲垮了理想与理性。回去再次赶考，分别之际，他说，让她等他，等他来娶她，可是她没有说什么。聪慧如她，也许早看透了这场冤孽，看透了眼前这个男人——有才，有貌，有心，可惜，她不是他最需要的那块垫脚石。再多的深情，拼不过一个男人建功立业的野心，像是人性与功利之战的每次悲壮，她说“始乱之，终弃之……愚不敢恨”，一首《霓裳羽衣序》曲罢人终，自此，便永别。

这样的女子，美好纯情得像个不真实的梦。以致几年之后，当他做了韦家东床快婿，迎娶了高门贵族韦家的小女儿，过着“朝薅玉佩迎，高松女萝附。韦门正全盛，出入多欢裕”的富贵生活时，他回头，叹息一声“一梦何足云”——当然是梦，面对着贤淑有名的贵族娇妻，簇拥着高低比称的官场同僚，手扶着笑语盈盈的相府婢女，眼望着前途无量的仕途大道，那段青春热恋的往事，太小，太傻，太缥缈——梦罢了。

可是，可是，梦醒时分，在漆黑的夜里，那生命闭合之间，他总会想起这个人。这个女人，这段往事和这段放弃的揪心，它压在心底深处，横梁一般抵住所有的功利，青烟一般袅袅升起，让他不敢面对，无法对视，甚至，不能忘怀。

于是写下《决绝词》，在那古体乐府的保护罩里，他想，像莺莺这样的女人，一定会有“君意既决绝，妾意亦参差”的清高自诩，他恶意地揣测着莺莺的处境。这样的美丽，攀扯追求的人一定众多，虽然自己首先占有，但是以后难保一直贞洁自守。于是他对自己说，放了吧，放了吧，分离两地，一年又一年，“何不便教两相绝！”——那只是个祸国殃民的“尤物妖人”，毁坏开元之治的“杨贵妃”，而自己“德不足以胜妖孽，是用忍情”……

这样的刻薄，这样的扭曲，这样的不厚道，气愤得清代冯班要把他烧了不收殓（“元公如此，宜其焚尸不成殓也”），陈寅恪直斥其“薄情多疑”，但鲁迅说过，为了忘却的纪念，纪念，是为了忘却。

忘不掉，扯不出，所以才如此歇斯底里——总要为自己寻找一点微妙的理由，好离间那时那刻的绝情与残忍。又能怎样？说白了自己负心，说白了世俗功利大于人性之爱，说白了，自己，更爱自己——不敢戳伤自己，就只能戳伤对方，妖孽、尤物、多疑，其实，只是说服自己离开的理由，而已。

他说“忍情”，一如玄宗当年“掩面救不得”。中国男人历来于情理两性之间徘徊，为人所认可赞许的，却总是后者，那是吴起式杀妻求将，也是武松回头一睁里的养娘跌落，更是张生文人式的刻薄与恶毒。忍情，忍情，儿女自是不能情长，项羽偶然气短，就落得个兵败身亡，元稹，不过也只一个普通的中国男人尔。

他忍下了。很多年以来，他都会记得这段撕扯，那段别人眼里的艳遇，自己内心的挣扎，从来不曾后悔，却平白无故增添了无数勇气。无数，放弃的勇气，让他在无数个选择的困境里，鼓励着自己“杀人都干了，还有什么不能做”。他的一生，总告诉自己：“莺莺都放弃了，还有什么不可放弃？”

还有什么不可放弃呢？与青春至爱相比，严砺的糖衣炮弹——前官妓薛涛又算得了什么？元稹严肃地看着薛涛的到来，公事公办，冷若冰霜。

3. 薛式追爱术

面对这样的难题，很多女人都会戛然止步，爱里面，大多是退化成婴儿的公主、自卑到死的落寞女王、浪漫到死的狂热分子，却少见理性而勇敢的智者。但是薛涛可是修炼成精的千年老妖，只见她没有“清风傲骨”地拂袖而去，也没有扑上去鼻涕眼泪地大喊：“俺爱你！”而是微微一笑，轻轻提笔：

四友赞

磨润色先生之腹，濡藏锋都尉之头。

引书媒而黯黯，入文亩以休休。

元稹接过看了，有些惊讶，有些好奇，一个曾沦落风尘的女子竟有如此才华？他抬起头来，早闻大名，意想里必是位才貌双全的绝代佳人——一如当年梨花树下那个拈花微笑的美丽少女。可是眼前这位虽然姿色不俗，终究过了双十年华，两次的边疆生涯，也让她的美丽凭白添了些异样的沧桑，多年的欢场生涯与宦海心机，也增添了几分深邃，只是不知为什么……元稹僵硬的面孔缓和了下来，他眯起了眼睛，有点手痒——他一生以诗才自傲，这样的女子，先不管有什么阴谋诡计，总是不能让她压着了的……

怎样爱，是需要技巧的。

“钓金龟婿”之流的秘籍里教导的技巧是：男人喜欢被崇拜的感觉，小鸟依人的作态，梨花带雨的哭泣。女孩子们不要强势，想让男人做事就要去撒娇而不是命令……樊梨花同志的教训是深刻的，你看薛仁贵明知此女是两军阵前万万少不了的要紧人物，还总是情不自禁地“气”得她离家出走，最后被父母逼得三次磕头磕得出血去请她，如果不是“孝”字压着，估计怨恨到小宇宙都爆了——结论：明目张胆踩在男人头上的女人，从来都是两性关系里的输家。

但具体情况需要具体分析，具体男人也要具体对待。

《神雕侠侣》里那位姿容绝代的女子，武功卓越甚至凌驾东邪西毒南帝北丐，功名利禄自是粪土，微微在念的，不过是一往情深，只是，只是——“王重阳与林朝英均是武学奇才，原是一对天造地设的佳偶。二人之间，既无或男或女的第三者引起情海波澜，亦无亲友师弟间的仇怨纠葛。王重阳先前尚因专心起义抗金大事，无暇顾及儿女私情，但义师毁败、枯居古墓，林朝英前来相慰，柔情高义，感人实深，其时已无好事不谐之理，却仍是落得情天长恨，一个出家做了黄冠，一个在石墓中郁郁以终。此中缘由，丘处机等弟子固然不知，甚而王林两人自己亦是难以解说，惟有归之于‘无缘’二字而已。却不知无缘系‘果’而非‘因’，二人武功既高，自负益甚，每当情苗渐茁，谈论武学时的争竞便随伴而生，始终互不相下，两人一直至死，争竞之心始终不消。”

寂寞空守，嫁衣如火，堪堪如梦，她不愿，他就不肯，那些爱里的既定，聪慧如她，又何尝不知？只是，“争竞”，争竞，让她坐在那个男人的副座里，她不肯的。于是，寂寞，便如无数比男人更强的女人们的宿命，坐守枯老，等待着陈家洛们爱了天真单纯的香香公主之后的偶尔空虚缝隙间，想起这样的女人们，这样的，比他们更强大，强大到赢了世界却输了爱情的霍青桐们。

薛涛看着元稹兴致勃勃地“斗”气，看着他拿出自己诗稿来的骄傲，神秘地微笑，眼睛里，却是狡狯的杀机。元稹是诗坛领袖，薛涛的才华并不如他高，即使我们偏心也无法扭转这一点；元稹是监察御史，薛涛不过是个脱离了贱籍的官妓，即使我们扭头也无法忽视这一点。

因此，她如果送给元稹薛涛笺一张，背面写着“见到他，她变得很低很低，低到尘埃里开出花来”，元稹的反应可不是“舞之蹈之”，而是毫不犹豫地“打倒在地，再踏上一脚”——男人可以爱小鸟，却不会宠乌鸦。因此，斗志之后，林朝英的孤绝自不能用，爱玲的刻意放低也是不可“山寨”的——她自有她的招数。

元稹不是来东川逛街的，他带着“监察”的使命，带着匡扶天下的“正义”，带着“致君尧舜”的终极幻想，严砺这种贪官污吏，自然是前进道路上的“牛鬼蛇神”——但他不过是个京官，弹劾是需要证据的，在东川的官场，两眼一抹都是黑的……

可几个月之后，元稹上《弹奏剑南东川节度使状》，说“严砺擅籍没管内将士、官吏、百姓及前资寄住涂山甫等八十八户，庄宅共一百二十二所”，说其“又于管内诸州，元和二年两税钱外，加配百姓草共四十一万四千八百六十七束，每束重一十一斤”，他建议“所没庄宅奴婢，一物已上，并委观察使据元没数，一一分付本主。纵有已货卖破除者，亦收赎却还。其加征钱、米、草等，亦委观察使严加禁断，仍晓示村乡，使百姓知委。判官崔廷……刺史柳蒙……但以罪非首坐，法合会恩，亦有恩后加征，又已去官停职，俾从宽宥，重此典常。其恩后加征草，及柳蒙、陶锽、李怤、张平、邵膺、陈当、刘文翼等，宜各罚两月俸料，仍书下考，余并释放”。

有凭有据，有信息有资料，怎么来的?

明朝大宰相张居正在教育官场后辈的时候，曾经打了这样一个比喻：军队里的将校封赏，是以首级的数量作为凭据的，兵部有个小吏在上报的时候，故意把一字抹去，再填上一字，兵部官员一看，说涂改的不行，必须再进行严查。将校听说了，赶紧去贿赂那个小吏，于是小吏告诉长官，虽然有涂改，但是仔细看了一下，还是一字，于是将校们的封赏申报终于顺利过关……

要想畅通官场，千万不能小看那个“吏”字——那个在官与民之间的可怕阶层，因为他们的地位虽然低下，虽然是流外打杂的，只是写写文书，传达消息之类，但是由于官老爷们往往不屑于（或者做不到）做一些琐屑的事务，而这些没有出身并且也很难晋升的小吏们，为了养家糊口，只能术业有专攻，成为专门人才。他们往往手握官员的各种材料，又深谙地方风情，熟悉法律条规。恰如《审死官》中一个会写状子的刀笔吏，瞬息之间可以翻云覆雨，决人生死。

元稹，科举进士出身，流内官起步，从小寒窗苦读，刚入仕即因为劝谏得罪皇帝而被贬，闲居多年终于被恩相提拔，坐上了比较重要的御史位置，标准的道德士大夫的激烈。

薛涛，幕府为“吏”多年，专门给节度使写文书的，专业给幕府捏合人脉关系的，能从官妓干到“名誉校书郎”，是摸爬滚打出来的老练。

薛狐狸到底想用什么招？

4. 人脉式

为了赢得情郎的感情，为了成全情郎治国安天下的情怀，薛涛启动了自己的人脉资源——“霜规不让黄金色，圆质仍含御史香。何处同声情最异，临川太守谢家郎。”东川简州刺史寄来柑子，她回诗酬谢，表面上的礼尚往来，却是帮元稹撕开官场裂缝的突破口——简州隶属东川，薛涛又是简州刺史的“朋友”——属于“重量级人脉”。

简州，巴蜀防务的心腹之地，北抗吐蕃南御南诏的大后方，重要的兵源和粮食生产基地，各任节度使都经常在此驻军。据说当年韦皋打了大胜仗后，也曾经在这里勒石纪功，一来安抚百姓，二来给后任们做个榜样。因此，当年作为校书郎的薛涛在跟随韦皋视察军务时，自然认识了当地刺史郭简州（官名、人名不详），认识了，就很可能成为朋友，成为朋友了，就“可能”是自己的人脉。

也只是可能，只要薛涛不想把其拉入私人领域，工作角色里认识的“关系”要想变成“人脉”，是有前提的——你越有用，你就越容易建立坚强的人脉关系，很少人能和与自己地位相差太远的人建立真正的人脉关系。一个人与其匆忙花费精力漫无目的地认识朋友，不如事先确定好自己的价值定位，然后针对目标有针对性地传播。

你对别人有用吗？更关键的是，你会对别人一直有用下去吗？

薛涛，节度使秘书。简州刺史，节度使们的下属。你说有用没用？现在，幕府顾问兼东川监察御史情人薛校书，给简州刺史回信了，她说柑子很好吃，有御史的香气，我们的友情真是与众不同，非常希望你们郭家像东晋谢家一样，兄弟几个都有远大前程……

她说，柑子有御史的香气——当时唐朝进贡的柑橘包装都非常讲究，成都益州的柑子进贡时，都要用纸包裹起来。有一位益州刺史为了让皇帝喜欢，干脆用细布包裹柑子。等贡品运出以后，刺史突然想到，在路上运输磨损，会不会影响柑子的外观？正在忧虑之际，突然听到朝廷派御史来查，正是为了柑子布之事，心里大惊，在招待御史时，刺史不断地解释柑子用布而不是用纸的原因，结果御史一头雾水，好一阵子，终于明白误会一场——御史的名字叫甘子布。另外，御史在唐朝官职里，也被比喻成可久服的柑子（时义云：“里行及试员外者，为合口椒，最有毒。监察为开口椒，毒微歇。殿中为萝卜，亦曰生姜，虽辛辣而不为患。侍御史为脆梨，渐入佳味。迁员外郎为甘子，可久服。或谓合口椒少毒而脆梨毒者，此由触之则发，亦无常性。唯拜员外郎，号为摘去毒。欢怅相半，喜迁之，惜其权也。”《御史台记》）此时，元稹为东川御史，代表朝廷来巡查官场得失，薛涛想利用这个典故暗示什么？

她又说，希望你们郭家像东晋谢家一样满门皆荣——据考证，郭简州似乎是郭子仪的后代，郭家子孙此时都在仕途。郭简州到底需要什么？

人脉，就是你投他所好，并有能力一直投下去。

无论过去还是现在，郭简州需要的，都是仕途上的加油剂。很明显，在一直作为领导亲信的薛涛身上，这种加油剂作用将一直持续下去，并在元稹东川巡查的时刻，超速运转。元稹自是成就功业，而帮助他查到什么的人，自然也能列入军功章。薛涛并没有点明说“你要帮我，我们是老朋友了”，而是在日常来往的基础上告诉对方，如果配合元稹工作，会有什么样的好处——我有自己的价值，我投你所好，并有能力一直提供“所好”，“关系”才会成为“人脉”，否则认识谁都没用。

薛涛成功了，因此元稹成功了。

5. 却止步

当元稹抱着戒心跟这位官妓斗诗时，当他逢场作戏跟薛涛一起风花雪月时，心底大概抱着“看你能玩出什么把戏来”的冷笑，但薛涛似乎毫无察觉，只是一味地享受着这份爱的愉悦。偶或，在其对东川局面一筹莫展时，会“无意”提起东川官场的某些“关键人物”“关键情节”，比如“你去找找某某主典（属于胥吏一种）看”之类。他起初不在意，慢慢地，发现居然有奇效，东川官场的局面很快又浮出水面，怨声载道的民生也有了指向与着落，甚至“申报材料”，似乎也来得轻而易举，他不禁重新抬头，看了看眼前这位美人——第一眼的直觉并没有察觉到，这位前官妓身上，似乎有种说不出的气质。

是什么呢?

元稹仔细想了想却说不清，他历练过的女人里，莺莺是一派天真美好的情人烂漫，韦丛是贤良淑德的妻子妇德，至于欢场里的逢场作戏，太多了，多得数不清，记不得，那些娇娇如月的生命气息，都没有像现在这样触动过他。他侧着头，薛涛已经脱离乐籍，即使是受长官指派，也无侍寝的必要，而薛涛对自己这样热情温婉，似乎一点一滴，正在渗入心底深处……那是什么呢？

元稹突然感到有些恐慌，多年前的情伤依然历历在心，他不想再经历一次“莺莺劫”，不想再动心去爱。他不是跟妻子韦丛相处得很好吗？他不是依然官场得意欢场也得意吗？生命底处的那种痛楚，太难过，太纠结，他不想。所以，他说：“我六月份就要回京。”然后严肃地望着这个女子。女子一愣，然后笑答一声“好”，便再无言语。

紧接着，东川事发，严砺贪苛的事件一件件被揭发——他不仅欺压百姓，更是欺压属下将吏，其属下由郭简州牵引，给元稹提供了很多证据材料，让元稹大喜过望，跟薛涛“舞之蹈之”。薛涛似乎意料之中，言语里并无兴奋，反而提点着元郎如果写，最好什么该写，什么不该写。

元稹眯起眼睛，看着眼前这位佳人——

当年为了仕途，狠心抛弃了初恋情人而娶了贵族之女，却恰逢岳父有退隐之志，而且不久病死，对自己的仕途没有起半点实际作用；好容易二十八岁再次应举，登“才识兼茂明于体用科”，授了“掌供奉讽谏”的左拾遗，以为必能一鸣惊人，一飞冲天，急冲冲“数月间，上封事六七”，想让皇帝看到自己的忠心与才华，却被执政所忌，贬了河南尉。然后守母丧，三年之后，因着裴宰相的提拔，终于坐上了监察御史的位置，想要一展宏图却两眼一抹黑……

他的生命里，是非如此不可的不断放弃，却常常在现实里不知所以的头破血流——有时候，自己也不知道这是为什么，只有这次，一种直觉，一种奇异的直觉，让他感受到薛涛身上的某种东西，正是自己屡战屡败的症结所在——转过念头，元稹又不服气。

自己跟薛涛地位天差地远，身份天差地远，连同学识，她也远远不能及，堂堂朝廷御史，岂能连一个官妓都不如？想着想着，就故意违背了这个女人的暗示，继续向皇帝《叙奏》："会潘孟阳代砺为节度使，贪过砺，且有所承迎，虽不敢尽废诏，因命当得所籍者皆入资。资过其称，摧薪盗赋无不为。仍为砺密状，不当得丑谥。"上一次《弹奏剑南东川节度使状》既然已经得到皇帝恩准，这一次，是乘胜追击，这又有什么错？

监察御史与官妓？他心里微微冷笑——你算什么？

算什么？

诏令下，他因获罪权贵，降洛阳东台，六月。

当打好包裹，在薛涛送别的时刻，他哭了。他跟她说："你跟我走吧，我的妻子很贤惠，是个能容人的，她现在病了，正是需要人来照顾家小的时候……"

薛涛摇了摇头，抬头望着这位俊秀的郎君，这位知心的才子。三个月，多美好的时光。爱，浪漫的，不卑不亢的，她梦寐以求的爱。可是，现实是残酷的，她去了只是个妾，那个她逃脱了一辈子的身份，并不是这份奇妙的爱所能改变。早在元稹固执地要上弹劾第二本的时候，她已经知道了。现实很残酷，那个男人心里究竟把她当作什么，她已经知道了。

她郑重地摇了摇头，他晓得她心高："你去了，我一样把你当她待，你是武相奏请的校书郎……"其实，也不是因为爱得难分难舍，只是心里怪怪的，仿佛漫长的人生之路，有了这样一个女子，就有一些隐约的名目，说不清……

她犹豫了一会儿，终究，摇头。

她要的，只是一个男人的感情，得到了，便到此为止，到此为止。

元稹叹了口气，这个女人身上有种不可救药的固执，以及不可救药的不能理解。一个官妓，如果做了他这种清望官的妾室，谢天谢地还来不及，怎么会如此坚决推辞呢？他们不是相处得很好吗？一种徐徐而来的、不能掌控的怒气，在心里慢慢染开。元稹不再说话，擦擦脸上的泪水，转身，离别。

薛涛没有抬头。

6. 求归，求归

同一年，元稹的妻子韦丛病逝。

薛涛终于抬头！

薛涛是个女人，那个时代，官宦出身的小娘子的传统意识里，最好的自我归途是家庭，是家族，是红楼贾母，是夫贵妻荣、儿孙满堂的诰命夫人，而绝不是现在这个女校书和作坊女老板——走异路，易感冒。

上天似乎格外开恩，薛涛情郎的妻子病逝了。对于千年老妖薛涛来说，得到一份感情很容易，但得到一个男人，一个地位尊贵的官僚文人，一个家族与家庭的名分，还会容易吗？

薛涛眯起了双眼，初夏凉风习习，童年、家族、尊亲，这些十三岁前就断绝了的记忆在寂寞空气里飘荡，似乎迟疑，似乎诱惑，似乎召唤。她笑了，提笔，一封信，两首诗，在这个男人最倒霉的时候（当时他被宦官鞭击，又被贬为江陵府士曹参军），“埋线”：

赠远

扰弱新蒲叶又齐，春深花发塞前溪。
知君未转秦关骑，月照千门掩袖啼。

芙蓉新落蜀山秋，锦字开缄到是愁。
闺阁不知戎马事，月高还上望夫楼。

这是她最柔气的诗，也是第一次公开确定自己身份的诗。绝顶聪明的元稹，是知道她的意思的，可惜，他沉默了，没有答案地沉默了下去。

不久，他对她的热情做了回答，他娶妾了。（唐律规定，妻子死了，丈夫三年不得再婚，但可以买妾）。朋友李景俭的介绍，卜卦得来的吉祥——如今无论事业还是家庭，他都跌到了低谷，如此倒霉只能求之于神佛相助，于是小妾安氏带着转运的期盼，来到了元稹的家里。

她是另外一个韦丛，温柔贤惠，持家有方。“供侍吾宾友，主视吾巾栉，无违命”，身上既没有才女的傲气，身家背景也没有风尘里的暗算，简简单单，普普通通，正是元稹此时最需要的安全伴侣，元稹很满意。

在此期间，元稹写下大量的悼亡诗，午夜醒来，梦见妻子的手，妻子的温柔，妻子的鼓励，“忆昔岁除夜，见君花烛前”。可醒来却是空无一人，蚊帐还是那样的蚊帐，屋子还是那样的屋子，衣服还是原来的衣服，想起来“影绝魂销动隔年”。一年多了，一切如旧，只是，天人已永隔尔。

“君骨久为土，我心长似灰”，仕途上的头破血流，不知所以的坚持与茫然，那个患难与共的伴侣也已不在……那个时候的元稹，心灰意冷。

他和薛涛欢好的时候，也是韦丛病重之刻，虽然妻妾两分，但是想起患难与共的情谊，总有些荦荦的愧疚，似乎薛涛也应该承担这死亡之份，一如“我不杀伯仁，伯仁却因我而死”的“共同承担责任”。

元稹不想见她，也不忍责备，只能沉默无言，但是薛涛并不介意，她微微而笑，赢得一段才子感情，固然是场轻松可爱的游戏，但是赢得一位封建士大夫本人，则是场艰苦卓绝的战役——

线已经埋了，前官妓薛涛，很有信心，那个时刻。

7. 斯德哥尔摩综合征

命运仿佛要故意证明这个女人的先见——

元稹调职洛阳，继续自己执着的“革命精神”，调查掌握了十一件违法坐赃的证据，马不停蹄上奏弹劾十一件事：“邮传监军灵柩、内园司械系人逾年、飞龙使诱赵实家逃奴为养子……”，并利用权力停了河南府尹的职的时候，偌大的权力集团再也不肯容忍这个愣头青，连他的精神恩师裴垍也保不住他了。很快，元稹由于做事莽撞被罚俸一个月，召回长安，而就在回长安的路上，他被侮辱了。

他长得很俊美，很有风度，监察御史的职位也不小，在路上的驿站里停息亦是贵客，在敷水驿站的中厅休息，大宦官仇士良恰好也路过，让他让出中厅。本来小事一桩，宦官势大，很多人能回避也就回避了，只有他太较真，或许真的想跟宦官们试试，死活不肯地争执起来，结果被仇士良的手下刘士元追赶，用鞭伤面，受辱而去。回京后继续罪加一等，本来只是罚俸，现在却是降职，依靠宦官登上皇位的宪宗皇帝明显偏心。元稹受辱又受气，被贬到江陵去做士曹参军。

很久很久以后，元稹都不明白为什么，自己如此志气昂扬，却总是头破血流？论身份，他是科举及第，论才华，他名满天下，论仕途运筹，他投靠当朝宰相裴垍门下——按照逻辑推理，他以为自己应该是另外一个魏徵，清名留人间，皇恩浩荡过，朝官们的匍匐仰望里，是辅佐君王至尧舜、位极人臣的天下周公……可现实呢？

一次次，东川之行，争厅之鞭，连自己“上面的人”亦无声无息。满朝文武坐视阉人欺辱朝官，如此有辱斯文的事情，竟然，默然无语——这个时候，他又想起了那个女人，冥冥之中，他抵制着、反抗着，却也佩服着的一种东西，是什么呢？

是什么呢？

当俊美无俦的他坐在驿站的中厅的时候，模模糊糊里，也正在感受着一种挣扎。突然，大名鼎鼎的宦官头目仇士良站在他面前，呵斥他让出中厅——虽然小时候家道中落，母亲亦是很疼他的，长大以后到处游学，莺莺亦是倾心相许的，进入仕途时虽官职低微，岳父亦是着力提携的，后来虽仕途不顺，家况不佳，依然有个贤良淑德的温柔妻子相伴相随——长相俊美又敏锐多才，一直以来，他都是被人呵护的，受人看顾的。一个阉人，一个身体都不完整的男人，趾高气扬扯着变异了的声调，傲慢地呵斥他离开，凭什么？

顾不得再想那是什么，虽然明明知道会越滑越远，他依然愤怒了。这群人品行不端，自己参他们反而被处罚，如今他们竟直接欺负到他头上来。他愤怒至极，大力争辩——那个时候，他还以为天下都是讲理的，自己口才无碍，这群人，算什么呢？

算什么呢？很算什么，有个男人从仇士良身后站了出来，连话也不说一句，拿着鞭子就开始朝他乱抽，他一下子，懵了。

原来世界根本不会讲道理的，他元稹有再多才气，又算得了什么？他惊慌失措地逃跑，男人斥骂着追击，绕着大厅转了一圈一圈。眩晕里，大家都冷冷站在哪里，看着阉人侮辱朝官的笑话，然后，“啪”的一声，脸上剧痛，血淋淋。元稹呆住了。

此后，此后的此后，很长时间，他都记得那次疼痛，在极限里的动荡里，搅和得自己六神不安，惊慌失措。原来，那才是世界撕开虚伪面罩之下的残酷真实。

他惊慌失措。

斯德哥尔摩综合征。

1973年8月23日，瑞典斯德哥尔摩的一家银行里突然闯进来两名劫匪，他们一阵开枪扫射之后，把银行里的三男一女抓到地窖里做人质，以此要挟警察。六天之后，当警察们把这些人成功解救出来，不可思议的事情发生了，人质们声称这些劫匪都是好人，女人质跟其中一名劫匪订了婚，其他人更是在世界各地建立基金，全力营救已经入狱的劫匪……

人性天生是畏强凌弱的，当在极限环境里被完全震慑在强权之下时，人会对强势对象由厌恶转化为崇拜，压倒性的力量，会让人跪下。

元稹突然感受到一种强大的压力，不是想象里的，不是不可捉摸的，而是实实在在的，可触可感的强大。他腿一软，连滚带爬地跪了下去。

我们的成长里那些高傲纯粹的姿势，总是会在现实冷冰冰的碰撞里，粉身碎骨。

8. 需要答案

哲人说："人们只用了一点食物和饥饿，就驱使我变成了一头野兽"。

当元稹走在富丽堂皇的府宅里，看着"花砖水面斗，鸳瓦玉声敲"的浮华，仿佛严刑拷打过的人，面对奉送上来的金银美女，苦涩的无奈，恍然如梦的挣扎……

自从他再次被贬江陵做参军，恰逢宦官集团的骨干分子严绶到江陵上任，成为他的顶头上司——荆南节度使。两个人的相遇，是阶级斗争剧变成喜剧——没有争斗，没有抵抗，没有争吵。严绶似乎忘记了元稹是因为得罪他们这一派而倒大霉的，对元稹极为器重拉拢。元稹开始惊愕，然后默认，最后接受——他的旧宅被严绶翻盖一新。

元稹低低沉吟，徘徊着，在回廊上走来走去，走来走去，那萦绕在心头、永远排遣不完的，是准备牺牲的志士突然被糖衣炮弹打中的烦恼。

自来士大夫就与宦官势不两立，有气节的士大夫是不愿亦不屑与之同流合污的——就在十几年之后，宣宗有次要直接加封一位京兆尹的官，还被这位官员当面拒绝了，回去侄子埋怨他傻，他笑着回答："皇帝不跟宰相商量就直接任命我，让别人还以为我以'他歧'得之。"——当时的"他歧"，只有私通内宫宦官，而这位官员为了避免跟宦官们有牵扯，连皇帝直接加封的恩赐都拒绝了！

他，元稹，科举出身，才名满天下，诗坛领袖，他知道严绶想要什么。他停住脚步，望着天空，江陵多雨，阴云密布，往日里屋顶是要安氏拿粗布遮雨的，今天却能风雨不经地站在回廊里，袖手凭栏而闲闲坐，他心里突然有种喘不过气来的窒息，蔓延了眼前这漫天的万紫千红。

几个月后，公元 811 年，元稹"上面的人"去世了，呼啦啦伴随着这位政治偶像的倒塌，复起再也无望，鞭击之辱，上司之情，无限挣扎里，他提笔写下："从裴公无，吾道甘已矣！"

"从裴公无，吾道甘已矣！"

吾道甘已矣！

当这个男人坐在富丽堂皇的中堂之中，望着嗷嗷待哺的小儿女，耳边充盈着宦官崔潭峻的笑声。他静静地看着堂前细雨，一直下不完的细雨，似乎就是自己恩师裴垍的眼泪，他感觉眼前白茫茫的，淹袭而来，溺水了的人，拼命要挣扎着上岸，却无可奈何要沉下去，沉了下去……

突然，恍惚间，一个女人的脸庞浮现在眼前。哦，他记起来了，他记得那个女人眼角的皱纹，这样的年纪，带着不应有的沧桑，和背后无数不可思议的传奇——他突然想让她来。不是因为什么情——欢场上有什么情？而是有种东西，有种东西，他需要答案。

薛涛笑了。为这个时刻，她整整等了三年。

那个男人丧妻，那个男人遭贬，那个男人纳妾，她都忍了，她期盼着，也沉默着，等待着。三年，元稹的妻孝已过，时机到了，爱情之战，从来没有婉转的胜负——他终究会找她的，一个女人的直觉，也是一个女人的负气的自信。

公元 813 年，带着明媚的憧憬，薛校书踏上了幸福征程。

9. 这一年——元稹

元和八年(813 年),薛涛到了元稹身边。一年，无数命运玄机，都在这一年里，千疮百孔，百转千回……

按照元稹的做法，薛涛到了以后，他变得很忙。

他去襄阳跟同事们宴饮，“风弄花枝月照阶，醉和春睡倚香怀”，花天酒地，风流动人;他到处会客，“明公莫讶容州远，一路潇湘景气浓。斑竹初成二妃庙，碧莲遥耸九疑峰。禁林闻道长倾凤，池水那能久滞龙。自叹风波去无极，不知何日又相逢。”;他跟随严绶讨伐张伯靖，病了，很严重的热疟，耳朵都听不见，嘴也说不出话来，“道情忧易适，温瘴气难排”，好了以后，题诗纪念严绶让百姓疏通荆水后湖事……

去拜见湖南观察使张正甫，与这位同出裴门下的同僚一起高楼陪宴，“敛黛吞声若自冤，郑袖见捐西子浣。阴山鸣雁晓断行，巫峡哀猿夜呼伴”式的风流韵趣，然后回江陵，送别升为右拾遗的杜元颖，并表明了自己的艳羡之心：“江上五年同送客，与君长羡北归人……”

几个月以后，在送别西川韦参军时，写了五首诗，分别给西川的那些“故友”（李夷简、李程、卢真、张元夫、韦参军）；九月，他再次跟随严绶与崔监军征讨藩镇；十月，去唐州做从事……

元和十年，回长安，被贬七年，太长时间了……

他交游，他宴请；他不分帮派地热情，官场应酬，逢迎巴结，迎来送往，筹谋得当，似乎不再是性急生风的刚烈，不再是海瑞式的单纯，而是一个天翻地覆变了脸色的元稹。

学者们扼腕叹息，说他“向宦官集团和旧官僚集团靠近”（王拾遗语），说他“经不起打击，也经不起官禄的引诱”（董乃斌语），说他“改变为依附严绶及监军使崔潭峻，以求进用”（卞孝萱语）。因为他公开称节度使之上的监军使宦官崔潭峻为“信友”，甚至在安氏病重之时，还为了履行其承诺，抛下病危的爱妾，跟随着严绶和崔潭峻一起征讨淮西叛乱，并说“予与信友约为浙行，不敢废私……”

实际，实际呢？

我们又能从面无表情的历史陈述里，回溯过多少人性挣扎？

那个站在背后的薛涛，那个从地狱挣扎回来的薛涛，又让元稹明白了什么呢？

10. 这一年——历史

这一年。

按照历史老人的说法，这是一个 long long ago 的圈套，还很“long long”的圈套，都说皇帝自是英明，阉人自会迷惑圣心，士大夫们自是道德楷模，漫长的政治舞台上，是好人斗坏人，主人最后醒悟的大团圆——这是评书。

堂堂朝廷御史，才华八斗的元稹被一个不识字的阉奴打了，素有英主之称的宪宗为什么不出头？历史上最仇恨宦官、重视科举才子的文宗，为什么没有实现中兴之治，反而是依靠宦官的宣宗成全了大唐末路的回光返照？

无他，宦官们，元稹曾以为的“坏人”集团，不过是皇帝主子着力扶持的另外一股势力——历史老人微微而笑。

历史深处站在最高位的那个，绝对不是庙里供奉的圣明或昏庸所能囊括的，偌大的帝国，千千万万的臣民，需要把一个人的智力开发到极致，方能做得勉强完全。当讨厌宦官小人的德宗皇帝面对着藩镇之乱、悍臣之凶时，突然懂了自己父亲所做的一切——加强皇权不是消灭一切对立面，而是在一切对立集团的对峙里，取得均衡。

他懂了，他让神策军成为朝廷主要的武装力量，他把这股力量交给了不会有后代的宦官家奴；宪宗也懂了，他将这种势力确定为一种定制（枢密使）。从此，宦官作为一种重要力量登上政治舞台，他们钳制大臣，监察皇孙，刺探军情，勾搭士大夫们的不同集团，斗个天翻地覆你死我活，而皇帝们只在袖手旁观处，轻轻转左转右……

文宗没有懂，这个梦想着有所为的皇帝，在好人坏人的道德感召下，在士大夫们的传统忽悠下，企图利用外臣力量一举消灭宦官势力（好人消灭坏人），却破坏了权力制衡中的均衡，落得两败俱伤。

现实斗争从来不是道德对比，不同的只是大家都爱惜抢孔子的光环，而那些不识字的粗人们，那些身体残缺的坏人们，那些一脸坏人相的奴才们的背后，站着的是难得糊涂的皇帝，是不同利益集团的士大夫们——中唐大儒韩愈把宦官俱文珍吹得天上少有，地上无双；大贤相李德裕给神策军中尉刘神道写的墓志铭，阿谀吹捧得让你浑身起鸡皮疙瘩……他们是谁？

德宗懂了，有了安史之乱后的帝国掉头；宪宗懂了，有了元和中兴的欣欣向荣；韩愈、李德裕们懂了，有了朝廷均衡。元稹懂了吗？

读书人，读书人，看多了圣人之言，在停滞的片段里，在对立两级的思维里，看的是道德外坏人，道德内好人，对我坏是坏人，对我好是好人……

其实，在现实的包罗万象里，当知识分子们用“单纯的道义逻辑代替了复杂的政治逻辑，用文学的描述语言代替政治的分析语言，用期于完满的个人美德代替期于健全的公共道德的界限的时候”，最可怕的事情就会发生……

据说，美国航天员上天以后无法用圆珠笔写字，科学家们夜以继日努力发明出“太空笔”，庆功宴上一片喜气，突然有官员问：“苏联用的什么笔？”答曰：“铅笔。”

历史老人憋不住，扑哧笑了。

11. 这一年——安氏

这一年，按照妾室安氏的想法，这是一场命中注定的劫难。

根据薛涛研究专家刘天文先生的推断，此时薛涛去江陵的时候，元稹的妾室安氏已经病故——我也希望她能“及时”病故，希望我们的女主角不是赶到那里做“三儿”。可惜翻遍资料却发现，无论是安氏的墓志铭还是元稹自己的诗歌题记，都证明当时薛涛去江陵的时候，安氏还活着。

安氏还活着，她元和六年嫁给元才子，元和九年去世，元稹说“稚子荆方四岁”——所以，当薛涛幸福地奔赴江陵的时候，人家安氏还活蹦乱跳地活着——我们不能因为女主角要上台，就提前逼她退休，对她来说，不公平。

或者，整个命运对她，已经足够不公。

当薛涛站在元宅门前，红衣飘飘，三十许人而风韵犹存。安氏知道，这就是名动天下的官妓薛涛，她苦笑，三年了，元宅并无其他妻妾，只有她一个人里里外外。艰难困守，她也过来了，荣华富贵，她也尝过了，她只是元稹买来的妾室，没有出身，没有家世，没有任何背景交代，或者也无可交代。出身于小门小户的良家，不通文墨的小家碧玉，嫁得如此俊美才子，也算是上天垂怜，她很努力，很努力地沉默着，贤惠着，争取着——元稹唯一的儿子，就是她生的，她算是有希望的，即使将来他娶了高门大户的正妻，她也算是得脸的，何况按照元稹的性情，一直这样，一直让她撑起门户，也不是没有可能……

可是，这个女人来了，无可收拾里，她突然感到了一种被藐视的侮辱——这个女人只是个官妓，不管如何名动天下，不管元郎怎么想，在一个普通女人心里，她，也只是个官妓而已。

在元和九年的某个日子里，安氏呆坐于在床头，看着来来往往的婢女们忙碌的身影。自从那个女人来了以后，一年多的时间，她仿佛是外人，被遗弃在世界之外的某个角落里，悄悄发霉，而只能默然不语。

看着那个女人跟随相公的脚步亦步亦趋，听着书房里传来的笑声，想到宴会上那个女人的优雅自如，以及男人们的追随鲜羡的目光，安氏的心简直要拧出水来。元郎很需要她，在家里几乎形影不离，出外还要携带跟随。嗷嗷待哺的儿女，他不管；有名有分的妾室，他不看；一大家子的开支，他不问，他们神仙一般相伴相随，几乎完全忘记了她的存在。

曾几何时，那欢声笑语，那温柔体贴，都飘摇而去了，连下人们对她的脸色，都难堪了几分。元稹并非对她反目，而是忘记了，连偶尔的温存，也带着不经意的敷衍。这个男人的爱连同这个大家子的幻觉，都随着这个女人的到来，轰然倒塌——她不明白为什么自己会输给一个前官妓？

她有一个儿子，元稹唯一的儿子，可这个儿子的希望也不能慰怀一个受伤女人的心。就在薛涛离开元宅回成都不久，她突然病倒，并像秋季的花朵一样迅速凋谢了下去，仿佛从前好容易支撑起来的、看似沉默温顺却是一场战役的交织，透支了这个女人所有的体力与精力，让她在熬过最痛苦的岁月之后，黯然坠落。

而这个男人似乎懵然不知，又似乎有所觉察。就在安氏已经奄奄一息的时候，他突然抽身离开了，很多人以为他是有公务在身，答应了崔宦官的邀约，必须去浙阳山一起游玩。可根据学者周相录的考证，元稹是因为有田产在浙阳山——“我去浙阳山，深山看真物”，那次出差并非公务，只不过处理家财而已！

安氏躺在病床上，呼吸渐渐微弱，每次喘息就像黄金一样金贵。她努力转动着眼球，萦绕周围的，不过儿女和仆人们，这个家，这个世界，这个付出了一切的拥有，都要离开了——而那个所爱的男人，却不在身边。

她简直要笑了，他就这点胆量，她的怨，是深埋在海底的游鱼，波澜不惊里的深入骨髓，她的病，也是因为这样的怨，这样的恨，这样的负气，男人不察，她也不肯说——而他居然，逃之夭夭？

她简直要笑。

他连面对她的勇气都没有，连同承担她死亡的愧疚，都以不在场的形式抹杀了。叹息一声，她闭上了双眼。

几日后，元稹归，佯装无辜地痛惜不已，写《葬安氏志》，说“近岁婴疾，秋方绵痼，适予与信友约为浙行，不敢私废。及还，果不克见”，没来得及啊，没来得及，你是个好人，你总听我的话，从来不违背，你也不嫉妒外室，不虐待前妻之子，不嫌弃我贫穷，你是个好人啊……

生命如水，穿过历史的云烟，静悄悄，静悄悄。

12. 这一年——薛涛

冬天来了，春天还会远吗？

据说文天祥在广州被俘后，押解到元朝大都的时候，正是一年至寒之季，那样冷的监狱里，他摸索着斑驳的墙壁，在墙上画出九九八十一格，每过一天，就用墨汁涂黑一格，每一天，每一日，岁月就在这样的等待里悄悄流逝……

民谣，“一九二九，怀中插手；三九四九，冻死猪狗；五九六九，沿河看柳；七九八九，行人路上宽衣走；九九八十一，庄稼老汉儿田中犁。”——在冻死猪狗的日子里，我们伟大的祖先们在天人合一的默契里，用最朴素的形式，向未来乐观祈福：

九九消寒表，“上点阴天下点晴，左风右雨雪中心。八十一点全涂尽，春回大地草青青。”——画表格一幅，横竖皆九格，共八十一格，日涂一格。阴天涂上部，晴天涂下部，有风涂左面，有雨涂右面，降雪涂中心。

九九消寒句，冬至前，选九个字，每字各为九笔，每字中空影格，每天填写一笔，填完一字便过一九，九字填完，九九结束……

画梅，“日冬至，画素梅一枝，为瓣八十有一。日染一瓣，瓣尽而九九出，则春深矣。曰：九九消寒图。”（明代刘侗《帝京景物略·春场》）

薛涛在“数九”！

“色比丹霞朝日，形如合浦圆珰。开时九九知数，见处双双颉颃。”

颜色像朝霞一样，形状像耳环一样，数九的梅花啊，如成双成对的鸟儿一样上下翻飞。

她抬头望向窗外，空中舞动的雪花映衬着笔下染梅的红艳，越发显得清凉绚烂，从江陵返回成都已半年有余。情郎说回京升了官即来接她，虽然她知道自己曾是官妓，但是她能的，她能做到校书郎，就能成为士大夫的妻子。想着元稹信誓旦旦的俊脸，想着他们那超脱世俗的爱情，红晕便从笔下染上了脸颊。她年纪虽然不小，但是爱，这样正常的爱，却是第一次，很多年了，她都忘记了，自从十三岁孤身奋斗开始，她就假装忘记了，那，一个女人最正常、最向往的归宿……

女性往往对家庭有依恋性和归宿感，她们看重家庭，把做家务当作治家顾家的一件事来对待……

有心理学家说：“我们总是看到这样一幅画面，上面有两张面孔，一张男人的面孔，看着家门外；一张女人的面孔，看着男人的背影。”

几千年前，文君对着旁人做了个中止的手势，轻如飘烟猫到中堂，俯下身点破窗棂纸，她倒想看看，用这么优美动人的曲子向她求爱的男人会是什么样，一见之下，果然风流潇洒，心下暗喜，回头对着正在焦灼等待的心腹丫鬟，嫣然微笑。

几百年前，养在深闺的杜丽娘跟侍女一起春游，看着满园春色都付于断井颓垣，哀叹“良辰美景奈何天”，伤春悲秋之际，梦与少年相遇，演出“不知所起，一往情深”的生死轮回……

薛涛提笔，染上今日的红色花瓣，数九，数九，守候着日子的点点滴滴。过去了寒冬，自然是明媚春天的到来，薛涛微笑着，细细而喜悦地数九：一、二……

元和九年（814 年），前官妓薛涛从江陵返回成都，元稹说成功回京升迁之后就来接她为妻，她很自信。

元和十年（815 年），各方运动下，元稹成功返京，在薛涛离幸福只差 0.01 厘米的时候，突然，元稹再次被贬，通州司马。

元和十一年（816 年），元稹另娶，官宦人家的清白小姐，正妻。

薛涛想哭，却笑了出来。怨谁呢？

13. 怨谁呢？刘禹锡？

也许，应该是刘禹锡。

这小子因为“永贞革新”被贬十年，好容易被赦回京，又因为一首怒气冲天的讽刺诗，得罪皇帝权贵，连累诸多一起回来的同僚们（元稹亦在其中）——那些头脑“简单”文人书生们乒乒乓乓再次被贬。

曾几何时，他们也鼎盛一时，曾几何时，他们也门庭若市，甚至可以躺在收钱的大柜子上睡觉……曾几何时，都曾几何时了？一晃眼，十几年过去了，他们都老了，长安，又重新出现眼前。

人生就像个不切实的噩梦，顺宗皇帝身体太弱，做不了他们坚实的后盾，新皇帝正是他们的反对者，没落，没落，当年的荣耀一时，似乎是为了成就一生的没落。当这些人，这些怀有雄心壮志的底层文人们，再回到故国旧梦时，面对着新崛起的政治权贵，刘禹锡愤愤不平地笑骂：“紫陌红尘拂面来，无人不道看花回。玄都观里桃千树，

尽是刘郎去后栽。”（《戏赠看花诸君子》）

“千树桃花，也就是十年以来由于投机取巧而在政治上愈来愈得意的新贵，而看花的人，则是那些趋炎附势、攀高结贵之徒。他们为了富贵利禄，奔走权门，就如同在紫陌红尘之中，赶着热闹去看桃花一样。结句指出，这些似乎了不起的新贵们，也不过是自己被排挤出外以后被提拔起来的罢了。”（《唐诗鉴赏词典》）

讥笑当朝，依然是简单的道德逻辑，是好人被坏人陷害的对立，是 1 加 1 等于 2——这群人，永远做不了现实里的成功者，退一万步，即使顺宗可以活得更长，革新依然会失败。尽管措施很美好，尽管想法很理想，但是现实就是现实，二元对立的道德思维，是这个世界留给读书人的一个“真实的谎言”，看不透，做不穿，就出局。

可惜，刘禹锡不懂，这个写过“谈笑有鸿儒，往来无白丁”的男人在对比的失落里，冲动地写下了惹祸的怨诗。意想里，革新失败，是因为命不好；失败被贬，是因为忠良陷害；回京讽刺，那是气节昭昭。总之，一切都是世界的错，而他们自己，却是清风明月白衣飘飘清冽欲仙……

而此时，朝廷正对藩镇用兵，形势正一触即发，“上与武元衡亦恶之。三月，乙酉，皆以为远州刺史，官虽进而地益远。”（《资治

通鉴》）

宪宗怒了，当初他们就反对他登上皇位，这次怜惜其才招他们回来，可是他们居然还叽叽歪歪不服气，真是自取死路。

宰相武元衡也怒了，不是时候，不是地方——他们是在添乱。

于是再次被贬，所有人，所有聚在一起的人，包括刚刚筹谋回京的，跟他们一起的元稹元大才子。

14. 怨谁呢？元稹？

怨谁？

在薛涛眼里，也许应该是元稹自己。

他本来不会到此地步，他跟裴度很熟（裴度是武元衡的人），也跟严绶有诗词来往（跟宦官中的一派也眉来眼去），同时受到当朝宰相之一——韦贯中的赏识。本来，大好的前程，在薛涛的谋算里，元稹应该升职的。

可惜，有些气息，太过诱惑，元稹终究是个文人，还是个才子，纯文艺青年。

文艺青年是什么？

颓废、不自律、神经病、性解放、行为艺术、社会边缘人……

在那浪漫极致的审美王国里，毕加索可以一天换一个女人，琼瑶女主们可以天天生活在月亮城堡里，魏晋文士们可以上街裸奔，曹植们可以不顾军令喝得酩酊大醉……没有现实，没有理性，没有规则，只有极度的——美。

如果说当元稹一月份回到长安的时候，还带着某种程度的清醒的话，不久，元大文艺青年就淹没在“同志”们的汪洋大海里——同时召回被贬的同僚大部分都是因“永贞革新”而受罚的革新成员（如柳宗元、刘禹锡等），而元稹却恰好悲剧性地跟他们具备着同样的元素：文人、出身低微、雄心勃勃、怀才不遇、跟宦官作对过。

于是，不顾刚刚铺垫好的政治基石，不顾薛涛的筹划，不顾自己刚刚萌醒的现实觉悟，他又情不自禁地掉入了那个审美的浪漫世界，他们一起狎游狂欢，一起纵情纵歌，一起吟诗作对，一起体验人生之“美与哀伤”。

只有艺术能拯救痛苦而短暂的人生，不是吗？

诗人说，真理终归远去，只留下美与哀伤于人间。

政治家宋仁宗则对着才子柳永的科举试卷，冷冷一笑：“且去填词！”

15. 怨谁呢？薛涛？

怨谁？

在元稹眼里，应该是薛涛。

几经折腾，四十岁了，还官职低微，眼睁睁看着离当年的志向越来越远，到如今，越发不堪地要沉沦到那个更荒凉的通州去，他真的绝望了。何况这种绝望带着一种可怕的怨气——他曾经向宦官低头过，跟严绶通好过，他曾经屈腿过，他万分委屈地想，自己都让步了，“薛涛的法子”也用过了，为什么还是不管用？还是如此？

通州，那是个比江陵更荒凉更偏远的地方，尚书李实曾经死在被贬之路上，刺史李进贤曾经死在被贬之任上。此生一去，怕是地狱修罗之所，他曾祈祷着自己的信友知遇们肯进一言——就连惹祸的刘禹锡被贬，裴度还向宪宗进谏，劝皇帝把他迁徙到离家乡比较近的地方，以方便照顾老母。可是，跟永贞革新并无关联的无辜元稹，早已屈腿过的元稹，却无人相助，无人说话，连同韦贯中、裴度，连同宦官集团的严绶们，甚至连同薛涛认识的首席宰相武元衡，都沉默如许。

元稹绝望了。

被贬路上，再次梦到了裴垍，这个作为他内心精神支柱的男人，当年同出其门下，为人处世也颇受其指教，于此精神危机时刻，他又梦到，梦到了他对他的殷殷嘱托与盼望，梦到了他对他的嘉许与鼓励……“愿君许苍生，弗复高体调”——突然醒来，一身冷汗，泪流满面，哭泣不止，以至于惊动了守候的僮仆，问他怎么了，他不说话，凄凄惨惨背靠墙壁，看着灯影绰绰，一直哭，一直哭。

他踉踉跄跄，回到了原点，屈原的那个点——所谓苍天不公，社会黑暗，想要成功，不是扭曲分裂，就必须堕落，从来没有中间道路，也没找见薛涛所指的那条圆通正道……

元和十年，新政县，离那个女人最近的地方，他再也没有去见她。午夜时分，支离着病体，前尘往事，一起涌来。自从江陵一别，京都再贬，再也没有什么话可说，浮现出那个女人的脸庞，温柔和蔼里，无端加了几分狂妄的狰狞。想起她暗示过自己的种种，回京之后的种种，通州的种种，江陵的种种。他没哭，而是面无表情地望着窗外，把桌前的那碗水推远，推远，推到极远处……

“已闻城上三更鼓，不见心中一个人。”

一年后，他新娶刺史的女儿裴淑为妻。

几年之后，淮西之乱平定，举国欢庆，裴度立下大功，元稹念同窗之情，上书求官，无回应。四月，上司李进贤病故，元稹得以代理刺史之职。冬天，在入相的好友崔群帮助下，他终于离开贬居之地，迁任虢州刺史。

路上听新妇弹琴，坐在船头，月光之下，清冷一片，寥寥琴声，呜咽幽深。娶了才女，一起读书谈诗，妻子亦是贤惠温柔，对他的生活亦能照顾有加，他们还能在一起弹琴，种树，意想起来，似乎风雅动人，而现在，似乎也真的风雅动人。只是，只是，元稹坐在船头，风儿轻轻吹过，月影在水面上晃呀晃，他一阵恍惚，不知为什么，裴淑就在眼前，而似乎又在很远处，隔着无数重山水，仿佛就是薛涛的背影，但，总是隔着无数重山水，元稹突然叹了口气。

裴淑似乎听见了，琴声渐渐淡远，终于戛然。她抬起头望向丈夫，不语。

怨谁呢？

元和十一年，成都。

薛涛想哭，又想笑。

16. 又能怎样?

从元和十一年（816年）到元和十五年（820年），整整四年，薛涛再也没跟这个男人联系，除了偶尔愤愤指责“他家本是无情物，一向南飞又北飞”——大多时间，沉默不语。

对方是官宦家的清白女儿，跟元稹门当户对，当正妻当得如此理所应当。她，一个做过官妓的下等女人，自古如此，社会如此，又能怎样？她惶惑了。

她亦不过寻常女子，在去江陵的时候，在争夺爱情的荆棘之路上，不是没有过不安——

谒巫山庙

乱猿啼处访高唐，路入烟霞草木香。
山色未能忘宋玉，水声犹是哭襄王。
朝朝夜夜阳台下，为雨为云楚国亡。
惆怅庙前多少柳，春来空斗画眉长。

站在江陵途中，巫山庙前，春风吹起摇曳的衣裙，也吹起她的长发。在清风徐徐的飘荡里，想象着楚襄王，这样一个男人，在巫山之巅，梦见丽色的神女下凡，一夜缠绵，留下千古绝唱，据说英雄难舍，美人无情。

但是，但是，世间最大的悲哀，莫过于执子之手，清透如她，也不过希望岁月静好，悲哀的、绝望的“岁月静好”。因为，也同是这样的男子楚襄王，为了摆脱齐国的禁锢，顺利继位，先许下五百里地的承诺，而继位之后，面对着前来索地的齐国，却一无拒绝，二无承诺，却是巧妙设计，先是派子良前往齐国办理割地手续，私下里却指使自己的守将固守，同时，他派臣子景鲤偷偷说服秦国进行干预，最后在多种力量的共同作用下，齐国终于放弃了索地的企图……

长发飘呀飘，经此一去，冥冥之中，自有他意，提起笔，淡淡写下“朝朝夜夜阳台下，为雨为云楚国亡”的诗句，仿佛是个再普通不过的亡国慨叹。只是，只是，缝隙里，却泄露出了一份直觉里的不安，一种不安，爱的空间里，有太多看不清的不忍看清，襄王有意神女无情的传说，也只是传说，而已。

也不是没有忐忑——

西岩

凭阑却忆骑鲸客，把酒临风手自招。

细雨声中停去马，夕阳影里乱鸣蜩。

踏上西山，凭着阑干回忆着那个飘逸的诗仙太白，一并潇洒地对酒当歌，而后细雨中渐渐前行，留下夕阳的记忆慢慢远去……

她想起了安氏，虽然士大夫三妻四妾很正常，但是毕竟，那是另外一个女人，一个元稹身边的女人。薛涛不能不介意也没法不介意，而在世俗的比衬里，她突然想起了自己的身份：前官妓 VS 良家妇女，你选哪个？

站在这位小家碧玉的良家妇女面前，自己恐怕就不会是诗人、女校书之流——人家不识字，只知道你曾是官妓，安氏这样想也罢了，元家其他人呢？元稹本人的内心呢？她突然有些惴惴，突然，有些黯然——女校书，女校书，也只是在西川，在剑南幕府，在成都那个方寸之间。或者，在诗人们的传说里，她有勇气挺起腰杆，而在普通人心里，也许，她只不过是个妓女。

想起来，突然万箭穿心。

要是安氏也懂些诗词就好了，起码，她可以知道薛涛会写诗，只要知道诗，在元宅那个地方，她就有立足之地……

她停住脚步，停在了传说中的李白读书之处。想当年，这位名动天下的大诗人亦是世俗里容不得的不得意，最后，浮云化仙而去——文人即使沦落于风尘，终究还会有自己的出路的。静静站在西山脚下，不觉晓处，天色已经暗落，夕阳之下，细雨丝丝，润物无声，黯然别去——即使这个世界容不得她，即使大家都嫌弃她，她起码还有诗，还有李白杜甫，有她，永远干干净净的地方。

只是结果给了她太多的奢望。到了江陵，安氏的静默和顺，元稹的器重有加，终于让她放下心来。隐隐地，她觉得元稹会为她“出轨”，为她舍弃社会规范而正式娶她为妻，尽管做过官妓，但是直觉里，她自信地认为自己身上有种元稹需要的东西——不仅仅是政治人脉资源，还有一种奇妙的东西。

但是她现在惶惑了，元稹并没有如愿以偿升迁，而是重新被贬，她的恩主信陵君（武元衡）也没有挽救到他……

当然，她并没有放弃——元和十年，就在时局转折的关键时刻，她写了一首送别诗。

别李郎中

花落梧桐凤别凰，想登秦岭更凄凉。

安仁纵有诗将赋，一半音词杂悼亡。

这首诗不是送给元稹本人的，而是送给离任赴京的同僚李程的。李程妻刚在成都去世不久，夫妻感情应该非常恩爱，这次一别，自是难回，想是陪着同僚扫墓归来的送别时刻，薛涛看着那梧桐落花，看着李程痛苦的悼亡怀念，写下了这样的同情之音。只是，却不仅仅如此，如果我们只是把它看成一首简单的悼亡送别诗，就是小看了它，也小看了薛涛。

那个时刻，元稹正要启程，走向被贬之路。他们设计好的仕途之路，以莫名其妙的方式破碎一地……

在那以前，元稹曾经跟李程一起哀叹过妻子早逝的不幸（元稹妻子韦丛也是早亡）。

在那以后，赴京的李程肯定会碰到元稹，即使不会碰到，书信往来也是免不了的。

男人在痛苦受挫的时候，女人其实不能去劝解，更不能批评指责（否则他一腔怒火会发泄到你身上），默默倒杯茶，守在他身边，陪着他一起神伤就好——但薛涛没这条件，这个时候元稹不会想见她的，他们之间的羁绊，正一点点崩溃，但并不意味着薛涛什么都不能做——即使看不到希望，也要努力向前，不是吗？

李程启程，薛涛写诗，眼睛里掠过一丝不易察觉的狡狯，送别诗，送别诗。唐代送别诗可不只是抒情歌曲，它隐含着更实际的作用。

王维送别高适，“开府之日，辟书始下。以为踊跃用兵，健将之事；意气跨马，侠少之能……”的《送高判官从军赴河西序》更重在以文部侍郎的身份，向节度使哥舒翰“举荐”。

柳公绰跟裴度是好朋友，曾经一起在武元衡的幕下做判官，裴度先入朝升任吏部侍郎，柳公绰题诗“两人同日事征西，今日君先捧紫泥”送别，是羡慕，是祝福，更是一种“期许”……

韩愈在《送窦平从事序》里说，当窦平要走的时候，其族人窦牟和相熟的二十八位朋友一起来赋诗赠别，并且在这种大规模的荣耀送别里，会规定特殊的字数、用韵、形式、内容，有时还特地推举“擅场”，成为才华竞争的一种形式……

薛涛的用意自然不是让李程到京城向谁举荐，她又不疯，倒不会想着以官妓的身份出将入相，但是她要得到自己想要的归宿——元稹妻子的那个位置，而李程跟元稹是相熟的，到了京城自然是碰面的（如果能赶上的话），即使不碰面，她送给李程的送别诗，自然也能被情郎看到——她的目的，就是“被看到”。

被元稹看到，李程对妻子是如此情深，即使死了也不是薄情寡义之人，而元稹曾与她有夫妇之约，她还活着，虽然他的仕途之路并不顺利，可是元稹答应了呀，作为一个男人，元稹答应了呀……

即使元稹不为所动，这首诗也会被行人看到——那个时代，几乎所有的诗歌都可以谱成曲子，流传一时，王维的七绝《送元二使安西》被谱成“阳关三叠”（或谓《渭城曲》《阳关曲》），广为传唱；白居易曾赋诗“高调管色吹银字，慢拽歌词唱《渭城》”“相逢且莫推辞醉，听唱《阳关》第四声”“最忆《阳关唱》，珍珠一串歌”，都反映了这种诗歌传唱，“被看到”的情形……

歌颂伟大的爱情对薛涛来说是有好处的。李程对于妻子的爱恋深深，正是对元稹的一种委婉劝解，希望“众目睽睽”之下，元稹能惜情、爱情、承情……

长亭外，古道边，芳草碧连天，晚风抚柳笛声残……薛涛提笔，为悲戚的同僚写下“花落梧桐凤别凰”的诗句，眼睛深处荡起一波波的涟漪，命运再不给她机会，希望再是渺茫，她仍然努力，不轻言放弃。

可是，一年之后，他不出意外地另娶了。

她黯然退步，而惶惑，这种东西曾经让她在不可能里挣扎出血路（从官妓到校书郎），但是却让元稹匍匐跌倒——如果说，有时候我们或者埋怨元稹自己不小心的话，另外一个男人的出现，却让她真的迷茫了。

别误会，不是爱情，是上司，领导，生命里另外一位过客——新任西川节度使王播。

17. 因为相似的疯狂

起初，她对这个男人来到西川抱有极大的期待，因为这个男人，素有盛名，因为这个男人，像极了情郎元稹的人生轨迹——

同样的出身。

小官吏家庭，同样在正统儒家教育下长大，三十五岁“并擢进士”，同年又应制举贤良方正科，成绩优异，补任盩厔（今陕西周至）尉，因为“强悍精明，勤于吏事”，被御史中丞李汶举荐为监察御史，在任期间，秉公执法，刚正无私，正是血气方刚的元稹。

同样的受辱。

有一天，赴衙路上遇到朝廷宠臣京城尹李实。按照当时的礼仪，应该李实避道，结果李实恃宠而骄，反而让王播避道，耿介的王播愤怒之际不仅不避，反而上奏指责其仗势欺人。同样的结局，皇帝偏心，他被贬了。

同样的人生转弯。

贬为三原令，恰逢李实辖内，面对冤家对头王播没有坚决抵抗，而是极尽县令的礼仪，前往谒拜、趋奉，化解冤仇，让李实深感佩服，称之为“有政术”。

成功调头之后，是一帆风顺，节节攀升。

三原令任期内，整顿吏治，公正廉明，大刀阔斧，理案公允……升为虢州刺史、御史中丞，亦能政绩斐然，人缘绝佳。最后胜任京兆尹期间，看到出入京师的将官兵卒带刀佩剑，犹入坦途，而很多奸人、不法之徒，也趁机冒充他们打家劫舍，加上京师的高官们常常狩猎野射，让京都安全受到了极大损害，于是他向宪宗建议整顿。最后，在他的治理下，军纪肃整，官勋自守，畿辅安宁……

讨伐淮西，国家危难之际，作为盐铁转运使的他，能够殚精竭虑，聚集财力物力，使得后备充足，“兵得无乏”、“粮不缺继”，最终赢得了胜利。宪宗看到眼里，记在心上，升为礼部尚书，仍兼诸道盐铁转运使。至此，王播的人生似乎到达了极致。

幼年饱读诗书，想的是治国平天下的宏伟志愿，却也是书生意气的理想主义，现实的跌宕终于让他掉头，双脚站立之后，会办事又会做人，却也未放弃济世情怀，所以忠君爱国，廉洁爱民，达到一个封建士大夫的人生终极，也正是薛涛希望情郎元稹能做到的完美境界。

他的到来，薛涛是欣喜的，以为“十万人家春日长”，老百姓有好日子过了。但是，慢慢地，薛涛失望了，这个男人仿佛人生急刹车般，在西川“巧施盘剥伎俩，敛聚民脂民膏，致使民声鼎沸、怨声载道”——他疯了！

有时候，我们只不过想借助某种手段达到目的，比如想通过考试达到教书育人，想通过金钱证明自身的价值，想通过辩论求得真理，但是更多时候，不能完全理解过程的艰难，我们会因路边风景的诱惑而停留，会为考试不过而自杀，会为金钱物质出卖尊严，会为赢得辩论而口是心非地诡辩……

起初的起初，取得权力当上宰相，不过是王播实现“致君尧舜”理想的途径，但是最后，当他在59岁的人生的暮年里，无论怎样努力，依然没有达到目标时，在最高权力斗争中，被当时权相皇甫镈踢出权力核心的时候，他崩溃了。他在成都疯狂敛财准备走贿赂的官场捷径，他知道不好，但是他就是要进入内阁，因为，他这一辈子，需要一个结果——他要赢。

薛涛是看着他疯的，她依然是幕府里的顾问，她听说过王播的政绩，却亲眼看着这样的生命急转弯，她突然想起了自己的“自信”，想起了元稹的“结果”，她退缩了——如果她给予情郎的不过是一个一如王播的疯狂结局，如果人生不过是一场追逐迷失的没落，这种人生，这场爱情，又有什么意义呢？

她恍惚了，于是沉默。

18. 生活是场悲喜剧——再求归

生活不是悲剧不是喜剧，更像是场闹剧。就在薛涛恍惚里要“放下”的时候，宪宗暴死，穆宗上台，改朝换代，当年她和元稹共同埋下的政治筹码，突然激活了——

“荆南监军崔潭峻甚礼接稹，不以掾吏遇之，常征其诗什讽诵之。长庆初，潭峻归朝，出稹连昌宫辞等百余篇奏御。穆宗大悦，问稹安在。对曰：‘今为南宫散郎。’即日转祠部郎中、知制诰……”（《旧唐书 · 卷一六六》）

听说穆宗做太子时就喜欢元才子的诗词，新天子继位，一朝天子一朝臣，必有一番撤换，一番命运浮沉——皇帝私好的元稹，投降于他们的元稹，就这样被嗅觉超群的某宦官派，呼啦啦推到了台前。

元稹恍然如梦。

就这样在一个万里无云的日子里，新皇召见了他，叫他“先生”，说“朕早在东宫之时即闻先生之名”，说“很喜欢你的诗歌”，然后，新皇跟他谈起了西北边事、藩镇割据、税币国策以及种种许久以来，他梦想里的，想说和不想说的话，种种许久以来，他想做和不想做的事，望着新皇热切的眼神，他感激涕零里偶或恍惚——这是真的吗？

梦在继续，朝廷高层暗波汹涌，在宪宗晚年内阁占尽上风的“贞元七年进士党”，随着新皇的继位而土崩瓦解，核心人物皇甫镈被罢免，中坚人物令狐楚更是在为宪宗皇帝营造陵寝、主持葬礼时，被人指责纵容亲吏克扣工钱，贪污受贿而被贬衡州，只剩下孤零零的同党萧俛，在宰相位置上去日无多。在这场争斗里一直立场不清的段文昌为了避开换代风波，自动申请外调西川，与拼命要挤入内阁的王播对换，穆宗批准了，临走之际，段文昌秘密为新皇推荐了同样一个人——元稹。

于是元稹的好运从天而降，皇帝不经宰相内阁商议就口授他为承旨学士，一日加封三次，恩宠之盛，令所有权贵嫉妒得红了眼。他缓缓走在通往延英殿的石阶上，一步一步，看似平稳镇定，内心里，却是兴奋得颤抖……

直到突然有一天，薛涛来信。

寄旧诗与元微之

诗篇调态人皆有，细腻风光我独知。

月下咏花怜暗淡，雨朝题柳为欹垂。

长教碧玉藏深处，总向红笺写自随。

老大不能收拾得，与君开似好男儿。

元稹捏着信笺，有些清醒，更有些恼怒，这首表面上不过诗友传唱的风雅，其实，是这个女人的又一次“提醒”，甚至是“进攻”。

既然筹码激活了，不管元稹会不会成为第二个王播，薛涛都会努力向前，生存拼杀来的经验让她从来不会对“该拥有的”畏缩退步。该拥有的——她给予元稹的路，证明又能走通了，不是吗？不过现在元稹已娶裴淑为妻，她的爱情之战就锁定目标——平妻。

平妻，自古道“一发妻二平妻四偏妾”，这就是三妻四妾了。古代纳妾人数不受限制，但平妻却仍受限，位极人臣者，最多也只能有一个发妻、两个平妻。……又称“两头大”“对房”等。与妾的地位不同，平妻不需向原配行妾礼，但实际地位比原配稍逊，如晋代贾充先娶李婉，再娶郭槐……

元稹已经堪堪朝廷大员，薛涛既然能从妓女做到校书郎，自然也能从幕府顾问做到内阁学士的历代都不常见的平妻。于是，在情郎进入政治斗争核心的同时，她发出了自己的信号——

“老大不能收拾得，与君开似好男儿。”你，还是需要我的吧。

元稹却回应——

锦江滑腻峨眉秀，幻出文君与薛涛。
言语巧偷鹦鹉舌，文章分得凤凰毛。
纷纷词客多停笔，个个君侯欲梦刀。
别后相思隔烟水，菖蒲花发五云高。

人人皆谓元稹多情，学者们也把这首诗作为二人爱情的见证。其实，其实呢？薛涛正经提示，他却游戏调情：你是卓文君，你是文采斐然的女诗人，（我在正经事情上并不需要你）我们之间，是风流相思的情人，（这样的感情模式只能做妾）——男人的自尊莫名其妙，元稹怒了，我步步高升并非因为你的帮助（指点、人脉），而是皇恩浩荡，你以为我离了你不行吗？

果然不行。

入内阁（当宰相）三个月后，元才子被二振出局。

生活是场悲喜剧。

19. 长庆年：梦里春秋，爱如烟火

长庆年，梦里春秋，爱如烟花。才子逻辑里，是穆宗的微微一笑："我很喜欢先生的诗呢。"

泪流满面，伏地宣称："臣，肝脑涂地，以报君恩。"

以报君恩。

长庆科举，钱徽、李宗闵、杨汝士主持，很多亲故子弟都被录用，但是宰相段文昌以及翰林学士李绅所推举的举子却落榜，于是争执纷起——元学士主张重试，对考官、试题以及阅卷规则进行重新安排，结果内定之人无一人中举，连同裴度的儿子裴撰。穆宗后来考虑到裴度的特殊地位，特赐裴撰及第。元稹在试后写《戒励风俗德音》，对舞弊的官员进行抨击，于是"朋比之徒如挞于市，咸睚眦于绅、稹"。

致君尧舜第一刀，扫荡科举障碍，他元稹，是凛凛清官直臣。

河西王师兵败，裴度势弱，朝廷对叛将让步，但是叛贼对朝廷的宽大并不领情，依然围困深州节度使牛元翼。苦思无计里，于方暗访元宰相，说他叛营有内线，说他可以用反间计救出牛元翼，说只需元稹给他们奖赏即可，元稹求之不得。

“致君尧舜”第二刀，文治武功，平定叛乱，他元稹，要成为别人心服口服的宰相。

但是有人突然密报裴度，说元稹暗中要派刺客暗杀他，裴度不发作。接着，宦官里有人告发，说元稹暗中派人刺杀裴度，于是穆宗安排李逢吉、韩皋、郑覃鞫讯此事，刺客诬陷自然不可能成立，但反间计罩不住了——此时朝廷正要笼络叛将，自然不能公开得罪叛臣，于是元稹与裴度同时被贬。

政治舞台，二振，元稹就出局。

长庆年，梦里春秋，爱如烟火。

李逢吉，宪宗宰相群体里最低等的角色，既没有政绩，也没有名望，只做过太子的师傅，在徒弟登基之后，没有捞到实权，新皇扶植了翰林三俊（元稹、李德裕、李绅），却让自己的老师做了个名誉主席，等着光荣退休。但李逢吉可不想这么早做蓑翁，他要做渔翁。

长庆科举，元稹早已得罪了裴度，而此时裴度正在河北征讨王庭凑、朱克融，因为工作里的摩擦，他向皇帝愤怒上表，指责元稹和宦官魏弘简在长安朋比为奸，破坏自己的用兵方略，是大大的坏人——他裴度是立过大功的人（平淮西），他裴度可是手握兵权，穆宗没有老爹的硬气，这种威胁，不忍也得忍了。于是，魏弘简被贬为弓箭库使，元稹被降为工部侍郎，但是裴度却失去了皇帝的欢心。

鹬蚌相争，两败俱伤第一局，李逢吉凭栏，笑。

朝廷平叛不下，于方向元稹密奏反间计，元稹正想为国立功，洗脱自己朝廷弄臣的角色，于是赂兵、吏部令史出告身二十通，以便那些人在实施反间计的时候给赐有关人等。知道这个消息之后，李逢吉兴奋得发抖——元才子送上门来了。

他指使同党偷偷地告诉裴度：元稹和于方行刺的对象就是裴度自己，他以为经历过行刺的裴度一定会非常敏感，愤怒之下，会再次对元稹发动进攻，而新的鹬蚌相争戏就要开锣了！

但是出人意料的是，裴度选择沉默，他也是历练过的人，自然知道这是个圈套，元稹虽然是“奸人”，但是还没奸到要派刺客暗杀他的地步，但是既然有人要这么说，那肯定有人在给元稹挖坑，自己还是很乐意看到政敌掉入坑里的，他沉默了。

鹬蚌居然不肯相争，渔翁只好亲自上场“挑逗”，他再派人告发元稹结交刺客，要对裴度图谋不轨。穆宗审查之下，根本子虚乌有，元稹是结交刺客，但是也是出于为国分忧，哪里要刺杀裴度，那么，谁会设这种圈套？裴度。

穆宗愤怒了，裴度翻云覆雨要陷害元稹，而自己心爱的才子却不够稳当地入了圈套，博弈的结局，是元稹与裴度双双落马，李逢吉上台。

政治权谋，一振，李逢吉就能上台——

薛涛对着情郎：是否需要我？

元稹怒对前官妓：我就不信离了你不行了。

长庆年，梦里春秋，爱如烟火。

20. 失败理由——元稹“明白”

长庆年，梦里春秋，爱如烟火。为什么会失败？

被二振出局的元才子常常午夜垂泪，都怨自己不好，被小人耻笑，被坏人暗算，以至于来不及报答君恩而致尧舜。长庆年啊，恍惚的梦幻里，映出穆宗赞赏的笑容，“朕很喜欢先生的诗呢”——“很喜欢你的诗”，“很喜欢你的诗”，这句话摇曳在元稹最后的岁月里，绕梁不绝于耳地数度回响，祭奠着一个文人所有的理想，映衬着李白、杜甫以及所有文学才子们的黯然，如烟花，如流星，光芒万丈……

诗词文才自然是没错的，但错在哪里呢？才子低头冥思，“明白了”——

《金瓶梅》里西门庆要跟潘金莲等玩性游戏，却回头嘱咐了一句小丫头：“角门关好了吗？”——深宅大院，他担心的自然不是外人跑进来看，而是正妻月娘背后的礼教——妻妾，妻妾，古代男子跟老婆可以正经到床上版“子曰诗云”，却也能对着姬妾歌伎们“流氓无极限”，前者是社会角色，后者是人性释放，两不耽误——掌握好此种尺度，一个男人才真的成熟。

年轻的他早就做到了的。

我们后人看张生的选择，无不痛斥其忘恩负义薄情寡义，而在当时，元稹的放弃备受赞赏，所谓能“忍情”，表示他已经长大，已经成熟，已经成为一名合格的封建士大夫——在元稹人生的漫漫长路上，这是一个残忍而又必需的成人礼。

长庆年，似乎又是他的一个成人礼，虽然，他名闻天下，才华横溢，且为文坛领袖，可是那属于才子附属品的风流雅趣，却成为权贵轻蔑他的理由——他本来以为，这只是一种无伤大雅的爱好。

才子总是要风流的，唐伯虎点秋香不是英雄式的保护欲（如想做保护天下花朵的楚留香）而是一种生命敏感带来的情感过剩：秋天的叶子落了，一般人也就看看，文人则会迎风流泪；春天的柳絮飞舞，一般人也就玩玩，才子们则会悲怀感叹；路上某女回眸一笑，其实人家不过无聊，多情的便会“如遭电击”——在这些人的心里，有一个放纵的黑夜世界，可以肆无忌惮地挑逗着可亲可爱的女子们，共享着一段又一段美妙的情爱历险……

并且，他还是级别不低的风流才子——如同爱过段王爷的每个女子都愿意倾心一生，为之生死而不悔；元稹少年游戏花丛，青年更是因《莺莺传》而声名鹊起，加之本人俊美多才，在闺阁里的口耳相传里，自是大家闺秀梦里的意淫对象，加上被贬江陵以后，着意放纵自己这点爱好，仕途不顺的灰心里，有点负气，有点赌气，或者更有点媚俗——

才子在黑暗世界（青楼或者姬妾）里的风流，是文人身上的花哨装饰品，无伤大雅，却能凭空添彩。

只是等到了真正的政坛，他才发现，从前积累的这份风流并不是好事，对于才子是添彩，对于政治，则是瑕疵，是软肋，是政敌们攻击的借口，是他们嘲笑的把柄。于是，元稹总结经验教训，准备坦白从宽，重新做人——

长庆二年贬为同州刺史，一到任发现同州的赋税弊端，由于同州沙漠化严重，逃户极多，而留下来的百姓却要凭空负担逃户的赋税，因此苦不堪言。他重新划分了田地，按照他们的实际占有耕地面积进行缴税，并让当地豪富同样均摊，同时采取了有力措施，杜绝了贪官污吏的灰色收入，因此政绩突出。几个月后，他要离任去做浙东观察使，百姓送别“泣恋如别慈父母……”甚至要用鞭子捶打，才肯让元稹离开。

赴任的路上，遇到老友苏州刺史李谅，朋友会面，设宴款待，李谅知他素来风流多情，要送他一名叫“翠娥”的美姬，可是他却一反常态，说“曾携酒伴无端宿，自入朝行便别春……”

他拒绝了。

他打着滚，希望孙悟空七十二变，从才子一下子变成大政治家，希望皇帝突然灵光一闪，把他爱的元才子再次召进宫，再次出将入相，再次一日三命——现在虽然外放，究竟是做过宰相的人，因此一切行为要做个榜样出来，他在等待着，期待着。

自己这一生，本来就是要朝着这个方向走的，至于诗名，那是意外，就像莺莺，像薛涛，像各种欢场里的风流韵事一样，那是爱好，是自己生命法度里的一个坐标，而政治仕途，“致君尧舜”，才是他的终极梦想，一生之所系。

他“明白”了，打滚……

21. 失败理由——薛涛“明白”

长庆年，梦里春秋，爱如烟火。为什么会失败？

我们“穿越”采访了薛涛。

笔者：薛涛，如果你当时处在元稹的位置，你会怎么做？

薛涛：哦，你指的是？

笔者：比如你文才很好，但是没有声望，也没有功劳，更没有资历，在别人眼里，只是个凭借歪门邪道或者细枝末节上去的弄臣……

薛涛：首先站稳脚跟吧。

笔者：难道你不想治国平天下，一抒少年时期的豪情壮志？或者追求更大的权力和权限，巩固自己的富贵？

薛涛（笑）：连立足之地都没有，何谈其他？

笔者：你会怎样去站稳脚跟？是凭借皇恩吗？

薛涛（摇摇头）：我得看当时的情形，皇帝也不能随心所欲的。

笔者：据说当时你是某个宦官集团推上去的……当时朝廷除了你们翰林三俊以外，还有声望极高但被压制的裴度，有皇帝的故旧，如师傅李逢吉……

薛涛（低头思索）：皇帝恩宠我，固然有我个人的因素，但是更多的应该是想扶植我背后的那一派，不管怎样的派别交织，首先应该做的是站稳脚跟。

笔者：不是争取立功而让皇帝更喜欢你？不是为你的派别谋取更多利益？不是打击其他派别？

薛涛（笑）：任何结果都是合力，皇帝再喜欢我，如果失掉均衡，他也保护不了我。至于打击其他派别，也要在自己有实力之后吧。更进一步想谋取更多利益。哦，如果急于谋求，自身地位就会不稳，很快就成为弃子的。先弄清各派立场，再让他们一起按自己的法子走……

笔者：你的意思是，为了站稳脚跟，可以按兵不动、毫无作为？难道站在这个位置上，你不想为天下百姓苍生着想，做出几件大事来治国平天下？

薛涛：当然想，但是不积跬步，无以至千里，一屋不扫何以扫天下？如果我开始就要做校书郎，那结果必然是一无所成，只有先赢得尊重，做出贡献，脱离乐籍，一步步来。这是个曲折的过程！

笔者：我知道了，你是说元稹太过急于求成，小目标没实现就想实现大目标，根基都不稳就想实现宏大抱负。

薛涛（点头）：有些，或者，他还没有看清形势，以为皇恩浩荡可以解决一切。

笔者：那是说文人头脑太简单？

薛涛（狡猾地笑）：我没有这么说，我也算半个文人。

笔者：可你并不是标准的封建士大夫，标准的文人。

薛涛（郑重地点头）：可能我从来没有想过治国平天下的可能，我是个女子，那不是我的人生轨道，前半段的人生一直想着如何活得好些，活得体面尊重些，我有的，都是土里自然而然生出来的经验……

笔者：可你也是个诗人啊，跟幕府里的文人接触又多。

薛涛：嗯，但是我跟他们是不同的，他们自幼受传统教育，人人都要对科举奋进，中了又有很多官路子可选，我没有，我是从底层一步步爬出来的……

笔者：唔，那你认为你跟元稹最大的不同，还有哪些？

薛涛：还有想事的套路吧，理想与现实之间，是需要很多梯子的。比如在幕府时期，成为校书郎绝不是一蹴而就的事情，必须一步步来，一个台阶一个台阶地上，每个台阶都是天时地利人和的“合力”，因此要明白自己正处在“过程”的哪一环，并做出相应的努力，以达到更高的阶段。

笔者：合力？过程智慧？嗯，跟现在提倡的“多维思维”差不多，高等数学也提倡“函数”思维……

薛涛（挠挠头）：不太清楚你在说什么。

笔者：这个……说来话长。薛涛，你如果耍心机以后，站稳了脚跟，你觉得自己是君子，还是小人？好人，还是坏人？

薛涛：唔，“君子”指的是什么？

笔者：就是书里教导给你的呀，符合传统礼教里的道德形象，温柔敦厚，纯孝仁爱……

薛涛：我没想那么多，做起事情来如果太多条条框框，就什么也做不成了，但我有良心。

笔者：良心啊，这个说法很特别，我记得林肯曾经说，他的“道德”就是每天都能愉快地入睡，觉得很平静很舒服，你跟他说的还挺像……

薛涛（再次挠头）：林肯？

笔者：呃，这个说来也话长。薛涛，如果你是元稹，会不会赢？

薛涛（摇头）：大多数事情都是天时地利人和，不可把握的因素太多，任何人都不会完全赢和完全输，只能说概率会比较大而已。

笔者：那如果你在元稹身边呢？

薛涛：……

沉默，像狐狸一样，笑。

直到很久很久以后，我才明白这种笑容的含义——很久很久以后。

22. 何处归置?

看官们，请端杯茶，静思量，做个小测试：

1. 在恋爱过程中，你是否很清楚伴侣对你的“角色期待”？（他真正的需求是什么？）

身边闺蜜，不幸爱上“三不”男，据说态度十分暧昧，比许三多都执着地“不放弃不抛弃”——但也不拾起。终有一天，闺蜜再也无法忍受，哭兮兮来诉苦。

问：“你告诉他你的家世没？”

闺蜜摇头（她家境不错，父亲是一家公司的老总）。

“那你跟他说吧！”

“会不会太俗？”这位美眉是从小受到琼瑶小说熏陶的，正经“你是风儿我是沙，缠缠绵绵绕天涯”的科班出身。

“如果不够爱，现实利益，就是最好的砝码。你若不要完美的爱情而只想得到这个男人，就必须符合他对你的角色期待。”

她用亮晶晶的眼眸哀怨地看着笔者，良久。

结局：很快结婚，与此男。

2. 在婚姻中，你是否明白伴侣彼此之间所站立的位置？（他希望你扮演什么样的角色？）

有对夫妇刚刚结婚，一起生活不久，妻子就极为不满，她哭诉说，丈夫不管她多累，都不肯帮做家务，自己的父亲是常常帮助母亲烧菜的——这样的丈夫，要来何用？丈夫更不满，他的家里，经济大权都掌握在爸爸手里，他不明白妻子为什么要紧盯着钱不放？——这样的悍妻，不如不娶。

结局：很快解体。

元稹与薛涛，才子与官妓，宰相与校书郎，哪个位置？何种角色？

23. 元稹的答案

长庆四年，元稹刚刚调职浙东观察，正要如同在并州一样，大干一场，为臣楷模，恩主穆宗溘然病逝，“宏图大志”终于在一片喧嚣里土崩瓦解——元稹的打滚，结束。

他彻底绝望了，瞬息之间，便沉了下去——颓了。

他的颓，不是西门庆与薛蟠式，想方设法满足下等情欲，也不是古龙李寻欢式，想用酒精等方法麻醉自己，逃避人生。他的颓，是中颓，是停滞，是跟现在普通人没什么不同的“沉浸”——沉浸电影，沉浸网络，沉浸游戏，沉浸爱好。

“稹既放志娱游，稍不修边幅，以渎货闻于时。”

对一位才子来说，恐怕只有艺术的美，才能让他躲避那手足无措的现实世界，而也只有在诗词歌舞的娱乐国度里，他才想起了薛涛。主动地，高兴地、心甘情愿地，想起了这位前官妓，女才子，娱乐男人的女明星，“及（元稹）廉问浙东，别涛已逾十载，方拟驰使往蜀取涛……”

薛涛，长袖善舞的欢场等你来娱乐了！

24. 薛涛的答案

哪个位置?

几年前，段文昌入巴蜀剑道幕府为节度使，游览名胜时便邀薛涛前往，结果薛涛回诗一首说：

消瘦翻堪见令公，落花无那恨东风。
侬心犹道青春在，羞看飞蓬石镜中。

自己瘦了，都不堪来见令公您了，已经是落花般的人了，本来以为自己还青春犹在，再去看镜子里的那个人，却已经羞愧不堪了……

她跟段文昌一起在幕府共事多年，少年时或许还有过若明若暗的暧昧，同僚多年，交情甚好，几经离别，倒也不至于要“羞看”。只不过，问题的关键在于，那请的不是吟诗对唱，不是谋事筹划，而是游览赏玩，纯娱乐。

纯娱乐，需要的并不是同僚，而是妓女。学者们说那个时代——“唐人尚文好狎”。唐朝的社会文化极度开放，性文化也比较开明，朝廷官员、地方小吏、文人雅士都以“狎妓”为乐，并以此为风流高雅的“上流社会”的表现。“尚文好狎”成为一种社会风气。狎妓、蓄妓、携妓等已成为文人风雅生活的重要组成部分。王仁裕《开元天宝遗事》中对唐时的这种“尚文好狎”风气记载甚明：“长安有平康坊，妓女所居之地，京都侠少萃集于此，兼每年新进士红笺名纸游谒其中，时人谓此坊为风流薮泽。”

段文昌跟她是好友，自然并非想要狎她，但是年近四十、经济独立、名扬天下的她，却再也不愿担负这样的名声。这样的“差事”——她是官妓，只是曾经，现在不是，以后也不是，哪怕一点点影子，她都躲闪不及。

从此以后，她就是薛涛，是校书郎，是纸坊女主人——或许还会是朝廷重臣的平妻。那个庄严的、正经的、神圣的位置，才是她的归宿所在。她提笔辞却，有些辛酸却含而不露，只是淡淡地戏谑玩笑，希望在段节度使的莞尔里，得到一些心领神会的呵护——一个女人，用一生去守候的，那点尊重。

就在她静待元稹的召唤时，小三出现了。

25. 爱情地图——元稹

我们在日常生活里，常见正派女子被柔媚的小三夺去爱情，优秀的女主人公被不识字的保姆们插了足，或者结了婚的人，却时常伴随着一种不满足、不甘心的遗憾，一种生命中的未曾被填充的空虚——原因很简单，你不是对方的那杯茶。

生命的波动是有规律的，彼此的爱情地图里，只有各安其命，才会尘埃落定——在元稹的感情图解中，妻妾韦丛、安氏教他以生活之义，情人莺莺教他以性情之深，至于前官妓薛涛到底站在了哪里，呃，他自己也不明白，连月下老人也是要犯糊涂的——直到另外一个女人出现，那个叫作刘采春的女人，他才恍然。

她依然是个歌伎（元稹交往过的歌伎很多，白居易更多，两个人都交换着玩过著名杭州歌伎玲珑，有诗“休遣玲珑唱我词，我词都是寄君诗。明朝又向江头别，月落潮生是甚时”为证）这个身份并不稀罕，稀罕的是她这一个。

歌伎很多，刘采春只有一个，因为她在这一行走得很远，很远很远。作为民间乐人，刘采春跟丈夫、兄弟一起演参军戏，自己却独擅唱曲，歌声响彻云霄，以致能让“闺妇、行人莫不涟泣”的地步，虽然同属于贱民，虽然依然是娱乐于人，但在艺术的王国里，美，成就了另外一份尊贵——

望夫曲

不喜秦淮水，生憎江上船。载儿夫婿去，经岁又经年。

借问东园柳，枯来得几年？自无枝叶分，莫恐太阳偏。

莫作商人妇，金钗当卜钱。朝朝江口望，错认几人船？

那年离别日，只道住桐庐。桐庐人不见，今得广州书。

昨日胜今日，今年老去年。黄河清有日，白发黑无缘。

昨日北风寒，牵船浦里安。潮来打缆断，摇橹始知难。

这个女子跟着丈夫和兄弟搭的卖艺班底，从淮甸一路逶迤而来，正碰上这个浙江观察使元稹，她放开嗓音，幽怨地唱起了“昨日胜今日，今年老去年。黄河清有日，白发黑无缘”。歌声里，是思妇对丈夫的无尽思念，也是女子对于岁月的无尽恐惧，无声无涯里，生命就这样老去，在不知不觉中，我们一起消逝……

元稹震撼了，抬头，对面女子美丽光艳，歌声嘹亮，响彻云霄。艺术的美，生命的哀怨，是明皇遇贵妃，是戴笠遇蝴蝶，他沦陷了下去，在生命的另外一个向度里，在共同的审美体验中，爱上了这个女人。

看官们也许会蹦出来提醒，喂喂，她不是有丈夫的吗？

有，但并不碍事，就在风气严谨的清朝红楼里，我们还能看到贾琏对小厮媳妇鲍二家的占有，就在接近现代的民国时期，我们还能看到戴笠对蝴蝶的贪图，何况风气开放的唐朝。刘采春不过是个贱民戏子，朝廷命官对她的垂青是她意外的恩典，她丈夫内心是否介意我们不得而知，但是这种占有关系，是被风俗允许的，甚至可能传为风流佳话，以至于多年以后，元稹因醉题东武亭诗："因循归未得，不是恋鲈鱼。"卢侍郎戏谑说："丞相虽不恋鲈鱼，乃恋镜湖春色耳。"——刘采春在镜湖。

刘采春很漂亮，"容华莫能比"；刘采春很艺术，歌声动人心魄；刘采春有丈夫，可拥有她但不用负责；刘采春很有审美，歌唱诗词共振在同一生命维度。于是他们相恋了七年，直到元稹再次入京为相。七年，别人的传说里，传奇故事里，元稹的生命地图上，那个给予精神慰藉的知己位置，是那个"新妆巧样画双蛾，慢裹常州透额罗。正面偷匀光滑笏，缓行轻踏皱纹波。言辞雅措风流足，举止低回秀媚多”的歌唱艺术家，而不是我们强悍的女主角——在元稹早就为薛涛铺垫好的位置上，稳稳站住的却是另外一个女人，七年。

“及（元稹）廉问浙东，别涛已逾十载。方拟驰使往蜀取涛，乃有俳优周季南……及妻刘采春，自淮甸而来，善弄陆参军，歌声彻云，篇咏虽不及涛，而华容莫之比也。元公似忘薛涛……”（《云溪友议》）

爱情地图中，只有各安其命，才会尘埃落定。当元稹拥着秀媚可人的刘采春时，看着她崇拜而又懂得的眼神时，他才，心安理得。

26. 爱情地图——薛涛

重阳节，公假日，人人忙着饮菊花酒，佩茱萸袋，登高赋诗，寄托情怀。巴蜀剑南幕府里亦是繁荣一片，浣花亭里，众人风雅颂歌，观菊赏月。节度使王播先是开口领诗，大家纷纷附和，许是鉴于节日本身的隐逸内涵（唐代常常把陶渊明和菊花联系在一起），这次既无歌伎作陪，也无靡靡之音，人人皆显出旷达超俗的清雅。清茶一杯，菊花满地，放下尘俗，安心静气。

与这份静气不搭调的，是亭右边的一位红衣女子，尽管她竭力掩饰，脸上还是闪现出了怨恨之气，长长地、微妙地飘荡在高雅的大厅里，凭空里，吹皱一江春水。

王播似乎也感受到了这种戾气，微微一笑："薛校书，该你了。"说了两次，薛涛才回过神来，恍然看着周围，脸颊一红，顿首抱歉："属下还没想好，请相公再让我想想……"王播意味深长地看了她一眼，点头不语。

众声喧哗里，薛涛悄悄撤出浣花亭。幕府花园里，菊花满地，最好的秋菊已经放在亭内赏玩，剩下的，会略微有些残缺。只是月光如水，照样在黄白花瓣上，还是泛起了一种炫目的美，薛涛呆呆看着，看着……

她知道了刘采春的事情，她经营了十八年的爱情，原来如此……薛涛简直要笑，或者应该去哭，但是她都做不到，她只是愣愣地看着那些盛开的菊花，满园美色，更加映衬了无限的荒凉。有一个人，要永远消失在你的生命历程了，他永远不在了，他真的不在了。

失恋最恐怖之处，乃是让人绝望，而后迷茫。

薛涛竭力扶住廊柱，咬紧了嘴唇，她是从地狱里走出来的，这点痛，她不怕。她也不会怕——即使元稹肯再来接她，也是不可能的了，她不会去的，在那个男人的爱情地图里，根本没有她薛涛的位置，从前没有，现在没有，以后也不会有！原来……

薛涛深深吸了口冷气，竭力镇定住自己，一晃神间，亭里的颂诗声便入了耳，那些清新雅致的句子，仿佛一缕安魂曲，一点点渗进来。她转身，返回浣花亭，看着大家那写满太平盛世的脸庞，突然有些泄气，其实没有什么山崩地裂，日子照常过。“没有人能让我一辈子不快乐”，不是吗？

她唱和道：

西陆行终令，东篱始再阳。
绿英初濯露，金蕊半含霜。
自有兼材用，那同众草芳。
献酬樽俎外，宁有惧豺狼。

“自有兼材用，那同众草芳”，她赌气，她自负，她自我安慰——无论你怎样看不上我，我自会有我的用武之处，哪里能跟那些花花草草同列？……重阳节，在唐人们登高、望远、开怀、放下尘俗的旷达风流里，一位孤单而倔强的女子，赌气，自负，自我安慰……

重阳节，重阳节。

27. 不该输却必败的“鸡肋”之归

照理，薛涛不该输。

她久经沙场，绝对不是单纯无知的小女孩，她知道男人爱的本质。直觉里，元稹是需要她的，根本上，绝对的，需要——谁不想安邦定国，致君尧舜？治国平天下是每个知识分子的终极梦想，在那个生命蓝图里，薛涛知道自己的位置。如果，当年刘禹锡没闯祸；如果，元稹不是再次遭贬；如果，情郎不是那么快被二振出局，她早已完胜。

她一直等，也在赌，她是薛涛，不是温室里的莺莺，也不是风情过人的刘采春，她是薛涛，校书郎薛涛，幕府顾问薛涛。爱情不是劫难，而是一场关于生命方向的战役。她笃定着元稹会掉头，终有一天，如果这个男人，还想在现实里扬眉昂首，他就必须回来找这个能给他“搭梯子”的女人……

旁观者，中间人，也许会劝：

“峨眉山势接云霓，欲逐刘郎被路迷。若似剡中容易到，春风犹隔武陵溪。”（白居易《赠薛涛》）

春风犹隔武陵溪，太难。

元稹的爱情地图，是刘采春之于官僚主子的秀美动人。

薛涛的爱情地图，则是长孙皇后之于李世民。

仙人刘郎看得见但摸不着，春风犹隔武陵溪，太难。

薛涛无言，聪慧如她，纵使渐渐明白，也不愿放弃——鸡肋心理。

当曹操心烦意乱地坐在军帐里，屯兵日久，被马超拒守，怕被蜀兵耻笑，进退不能之际，夏侯入帐禀请夜间口号。无意识里说的那个名词，那个很难摆脱纠结——“食之无味，弃之可惜”。

鸡肋不好，为什么这么多人选择啃呢？有人这么分析，“大概是人们做不出合适的选择，却不愿意自己总在徘徊迷茫中前进，那样太迷茫，太没准，总要找条稳稳当当的路走下去才行，而鸡肋很多，又不名贵，谁也不会和自己抢。啃到最后怎么也剩下条光溜溜的骨头，攥在手里心里也踏实……”

薛涛付出了十八年，漫长的岁月检阅里，她也不是没有意识到“已经不可能”。只是，她不愿意——一位姑娘来信，说自己遭遇到了“一场永远没有结果的爱情”，那个男人总是利用她的感情，需要的时候找她，不需要的时候蒸发。我问：“你爱他吗？”她说已经不知道是不是爱了，“那为什么不放弃？”她沉默许久：“因为，已经付出很多。”

没有结果的继续，明知无意义的消耗，却总舍不得曾经的付出。

说起来很容易，做起来很可笑，提刀向自己，需要克服太多的东西，而漫长的人生，总潜伏着众多不知名的心灵暗处，让我们握着那仅有的鸡肋，跌倒，迷茫，虚度……

时光流逝，穆宗病逝，敬宗继位，李逢吉当道，“十八子横行”，朝政败坏，元稹复起越发无望，薛涛默默。

三年之后，敬宗被弑，文宗继位，新朝气象，旧臣复兴在继，情郎亦可能回头之时，薛涛却从浣花溪移居吟诗楼，而偃息。

从前的生存之战里，面对的是社会风俗，等级秩序，可那是大唐，出过女皇帝的大唐，风气开放多样的大唐。她用自己的行动打败了一切偏见，从缝隙里硬生生夺回了尊严与地位——但这次的爱情之战，前前后后十八年，占据了她生命中的一半时间的爱情，却最终一败涂地。

也许不怪元稹，他亦不过一个普通的男子，才子的生命地图，不过是那个时代，那个社会，最普通最正常的模式，而薛涛要的，太重。她赌上了十八年的春秋，用尽了政治心计与女人的耐心，想要的，是“揽草结同心，将以遗知音”的尊重之爱，是一份体面而尊严的正常归宿，面对的，却不仅仅是社会风俗与等级秩序，还要加上几千年甚至上万年前的，父系社会里男女之间的“站位”，以及世世代代流传下来的男性集体无意识——仅凭个人之力就改变一个男人根深蒂固的传统意识，就想主宰一个男人的生命方向，太自大了。

或许，这也是她挑中了元稹的原因，这位才子有着不甘的万丈雄心，却生命动向波折不定，情感软弱意志也软弱，让她感到了自信，感到了“好控制”，感到自己“能改变”……

不得不承认，她其实差不多快赢了，在去江陵的时候，在元稹回京都的时候，在入主内阁的时刻，命运都会有那么一刹那的曙光，回光返照一样闪过她的爱情歧路，有那么一点点，似乎要赢。

最终，还是输了。任何女人完全主宰男人的感情模式，以“需要”威胁来的婚姻，都将告以失败？一如今人关于家务之争，关于出轨之限，关于“彩旗”“红旗”之乱，关于同工同酬之疑……反抗没有限期，结局没有胜利，战争从来无望，输赢早已定局——薛涛放弃。

付出十八年，又怎样？我们能支出的，只有未来。

任何时候，都可以重新开始。

鸡肋消失。

28. 盖棺定论

薛涛追了元稹十八年，口耳相传的新闻人物里，自是八卦段数极高的拍案惊奇，厚道如白居易者，也许会劝，但是更多的人，是鲁迅笔下的“津津有味”——“老栓又吃一惊，睁眼看时，几个人从他面前过去了。一个还回头看他，样子不甚分明，但很像久饿的人见了食物一般，眼里闪出一种攫取的光。老栓看着灯笼，已经熄了。按一按衣袋，硬硬的还在。仰起头两面一望，只见许多古怪的人，三三两两，鬼似的在那里徘徊……老栓也向那边看，却只见一堆人的后背；颈项都伸得老长，仿佛许多鸭，被无形的手捏住了的，向上提着……”——旁观，并在旁观里享受别人故事里艳情余韵。

当然，正常朋友不会直接去问“薛涛，你们咋纠缠了这么多年，还各处一方？”但这个世界偏偏有不正常的，当然并非故意坏心，只是太过好奇。有时候，单纯也是一种破坏力——他们共同的朋友刘禹锡，问了。

十八年，痛苦而悠远，感情的无奈、归宿的失去以及失败的尴尬，没有让薛涛跳起脚泼妇式地宣泄，也没有让她“天下我最苦”地怨妇状倾诉，而是微笑，并自嘲，过去的伤害，无论对方有多少错，回头看，却是自我的执妄——薛涛回答：

“琼枝的皪露珊珊，欲折如披玉彩寒。闲拂朱房何所似，缘山偏映月轮残。”（《和刘宾客玉蕣》）

露水落在朝开幕落的木槿花上，像玉一般晶莹夺目，只是明明知道不长久，却偏偏凝结在这样的花朵（元稹）上，像站的山太偏，映得月亮也残了似的。

一生已经过完，太多的惆怅，来不及追忆和悼念，突然被触碰伤疤，也只是微笑自嘲——自己并不完美，更不完全，过于执着让自己错失了合适的时机。可是，痛心疾首没有用，这样的自己，她接纳。生命有一种宽度，叫自嘲。

古时候有一位姓石的秀才，骑驴时不慎摔倒，在众人的嘲笑里，他不慌不忙站起来说：“幸亏我是石学士，要是瓦的，还不摔成碎片？”一句妙语，把自己的难堪化解于无行——石秀才的自嘲，来源于对自身缺憾的接纳。

在很多人因情感纠葛而问专栏情感作家连岳时，有人这样一击而中——“何苦找什么连岳？其实就剩掌自己一记耳光，把现实拎清楚了，别人的感情也不是让自己拿来涮着玩儿的，别人的感情也是感情，也很重要，然后自己也有自己的尊严。对自己真下了这种‘黑手’的话，其实哪儿还会有这么多的感情问题。不要最后搞得百分之九十的问题都是说什么‘我才是受伤的那个人’。然后死不肯承认自己的一点错。陈世美全让别人做，秦香莲都是自己演，这样有什么意思？说到底就是犯贱发春，不够爱，而且又很怂，一点儿真格的都不敢玩儿。”

其实，这个世界大部分问题，就在于是否肯扇自己俩耳光，然后，微笑。

刘禹锡：当年你跟元稹到底怎么回事？

薛涛对着墙扇了自己俩耳光，转过头来笑着对刘禹锡说：“当年不懂事，发飙呗。”

十八年，盖棺，定论。

第三卷

人生之境

有人问："如何使自己拥有一种超然物外的从容淡泊，让自己拥有强者的自信？"

"一个人若有对自性的真正认识，便能调节自性与外在的完美结合。在心灵上可以自足，便能免除期待欲念之累。同时，这种自我的洞悉，也必然能产生对外在世界的深刻认识。故而无往不利，当然世俗的成败已经被超越了。在心理上他永远不会有失败的困扰。"（引自百度）

1. 何处归去？回家？

朋友来信，说经历了人世沧桑之后，很“焦虑”，为父母焦虑，为孩子焦虑，为房子焦虑，为丈夫焦虑，还有很多说不出来的焦虑……他问，有没有一劳永逸的解决法子？

答：“没有，但是有解决的途径——进入属于你的境界。”

“怎么进入？”

“如工作、爱好、艺术、宗教……”

薛涛的爱情，失败了，伴随着元稹远去的身影，以及自己的彻底死心，如红楼贾母般德高望重，子孙满堂，不可能了，如李娃般的妻凭夫贵，诰命加身，不行了。回过头，十八年，从良了的官妓、誉满天下的女校书，何处归宿？

她回家了。

四十多年来，她不止一次想过回去，可是终究，不敢，是真的不敢。

她离开家乡时，还是社交界的没落小姐，到了成都却成了正宗官妓，几十年的奋斗虽然摆脱了耻辱，但焦灼不安的痛却时常浮现。家乡——那代表着传统与秩序的地方，在薛涛那渐行渐远的背离之路上，慢慢化作了一个荒唐又荒诞的符号，想起来，竟是不敢，那无从面对的背叛，那无从面对的异路。

有时候，她也会想念家乡，童年美好的记忆，伴随着她薛涛本该走的女子之路，像是一场浮华不实的梦，在她的身后飘来飘去。

“传闻象郡隔南荒，绛实丰肌不可忘。近有青衣连楚水，素浆还得类琼浆。”（《忆荔枝》）她想象着童年，在父母身边吃荔枝的情形，想起从前的幸福无忧的生活，想起她还是薛家小姐的点点滴滴，回忆里，是正常生活的味道。

有时候，她也在朋友的思乡之情里，体味着那份焦灼的难为，“万里桥头独越吟，知凭文字写愁心。细侯风韵兼前事，不止为舟也作霖”（《和郭员外题万里桥》）。郭员外思乡情切，却无法回去，因为在这里，有更需要他的民众，有更体现他价值之处（不止为舟也作霖）——是啊，在成都，在这里，有更需要她薛涛的人，有更体现她薛涛价值的幕府，还回去做什么，回去做什么呢？

她常常安慰着自己，她也想过，如果爱情之战成功了，她，作为封建士大夫的妻子，回到那个传统的原点，也算得衣锦还乡，为此她需要等待。她从来不怕等待，她理解过程的智慧，她知道每件事情的成功需要很多环节，她不缺耐心。

但是她缺天时，她失败了，赔上十八年。她失败了，回头去望，还回去吗？这样的孤廖之身，这样的背叛之路，这样的特立独行，出了幕府，出了成都，她兴许就是一个官宦娘子变官妓的笑话，还回去吗？

回去了。

暮年将至，人生大半，跌跌撞撞一路行来，不能一直逃避，她需要答案——

“我是谁？我从哪里来？我将到哪里去？我的故乡在哪里？”这是就算在睡梦中也会萦绕在她心中挥之不去的问号。

人海茫茫，薛涛回到了早已一无所有的“家”时，当她终于鼓起勇气去面对一生的异路，当她抱着屋前的老槐树，抓一把父母的泥土，闻着草木的馨香，爱情的失败已经算不得什么，在寻根的血亲对话里，她重新上路——

乡思

峨眉山下水如油，怜我心同不系舟。

何日片帆离锦浦，棹声齐唱发中流。

重新上路。

2. 何处归去？张爱玲？

也许，是张爱玲？

这个生命与生活同时走了极端的女子，对生命的认识苍凉透彻到了极处，而对生活的热爱，却也浮华到了极处。在最盛名的时候，她快乐地拍着手说："出名要趁早啊。"然后穿着最鲜艳的华服，走在大街小巷，像个孩子一样炫耀着自己……

然后，枯萎了下去，失去了爱，失去了才气，失去了鼎盛的名声。政治风云，时代变迁，去了美国，嫁给了年纪很大的美国人，生活窘迫，靠写剧本和从前的稿费赚钱养家，伺候中风的丈夫。生活，像个巨大的玩笑，嘲笑着她的钢丝线生涯——多年游走于生命、生活两极端，年轻的时候，后者救赎前者，年老的时候，前者救赎后者，最后，撒手。

其实，她也可以很热闹的，那个时候她的书又重新畅销，很多粉丝偷偷来探访她，连同她扔掉的垃圾，都会有人捡来纪念，而这个女人，却闭门不出，深居简出，不肯出来作秀，出来走穴，出来做报告——

她再也没有耐心跟世人叽叽歪歪，连沟通的兴趣也一应全无，避世隐居，在《金瓶梅》《海上花》的学术境界里自娱自乐，“在没有人的世界里，我充满了生命的愉悦。”

太累了。

岁月沧桑，变化万端，现在有人出版她的书，现在有人翻拍她的《小团圆》，现在有人一遍又一遍摹写她的人生轨迹，可是对于她自己来说，不过惘然。

薛涛自然没听说过张爱玲——这毕竟不是穿越文，但是同样生为异类女子，同样走在这个世界的钢丝线上很多年，她也应该累了，即使她已经运用自己的智慧，弥合了生存的钢丝线，爱情的钢丝线上，不也掉了下来吗？

同样异类，同样钢丝线，太累了。

薛涛展开雍秀才赠送的巴蜀地图，漫山遍野里的蜀地风光，承载着她的“流枕意”（隐居），承载着她的自由归宿，承载着她想要的安静，想要的，彻底和永恒的，安静。

生命如歌，须踏板而行。

3. 何处归去？陶渊明？

很多文人朋友曾经跟我说，他们想归隐田园，想过一种朴素的农耕生活，他们说，那样多美啊，你看看，我多热爱大自然，我的心灵多宁静致远，我是多么超脱世俗啊……真这么做的却不多——就是这么做了，改明儿也得拍着屁股回来。

道理很简单，很多事情看起来很美，做起来，就未必。

但是历史上，有这样一个人真正做到了，他本来“猛志逸四海”，在华夷混战的时代“澄清中原”，却郁郁不得志地做小官——甚至连小官也无法做得持久。做彭泽令的时候，一个靠妹妹给郡守做妾上位的督邮来视察，要求他戴冠束带前往城外迎接，他实在无法忍受，慨叹一声“吾不能为五斗米折腰，拳拳事乡里小人”，挂冠归隐了。

事件发展到这里，也还只是一个清高文人不适应社会的小悲剧，跟那些嚷嚷着回归自然却又跑回来的朋友没什么差别，但是到后来，变得不再相同。本质上的不同，让他成了唯一的陶渊明，历史上的陶渊明。

归隐并不是一件容易的事情，文人会写字却未必会耕种，而没有了官俸的供给，手无缚鸡之力的文弱书生，在这个领域跟人家农夫相比，是业余对专业——在那艰难的耕种土地上，在那些晨起暮归的辛苦里，在恶劣的风雨下，在颗粒无收的痛苦里，陶渊明表达过自己的向往（如写《桃花源记》），但是他知道那是无法实现的。说不定就在憧憬理想国的时候，还受膀大腰圆的村夫欺凌，或者某些不知名的世俗算计……而似乎上天要故意考验这个男人的意志力，本来有些底子的家庭因为遭遇了一场大火，而陷入极度困窘，以至于到了“田家岂不苦？弗获辞此难。四体诚乃疲，庶无异患干。盥濯息檐下，斗酒散襟颜”的地步，极度困窘的生活就像一种挑衅：理想很美感，现实太骨感，在这样瘦骨嶙峋的实际面前。你，还能坚持多久？

一番挣扎，陶渊明回答，“但愿长如此，躬耕非所叹”，仍不做官而做农夫。因为，在大自然的气息里，他真的找到了自己的皈依——自然，是有力量的。

老子看到“人法地，地法天，天法道，道法自然。”

庄子看到“天地者，万物之父母也，合则成体，散则成始。形精不亏，是谓能移；精而又精，反以相天。”

一花一草皆世界，那农夫们眼里的庸常，却是诗人眼里的另类精彩，逃脱世俗的羁绊，挣扎出艰辛的现实。在宇宙的生生不息里，陶渊明终于放下了骄傲，领悟到自己不过自然一环。于是，“悠然见南山”；于是，“心远地自偏”；于是，“此中有真意，欲辨已忘言”……于是自由。

很多人想，很多文人想，薛涛也想。

她晚年与人游玩，和别人的诗歌，赞竹子这种植物说“南天春雨时，那鉴雪霜姿。众类亦云茂，虚心宁自持。多留晋贤醉，早伴舜妃悲。晚岁君能赏，苍苍劲节奇。”

她观赏民间的迎神活动（当地传说，有女子触竹怀孕生子，长大为王，后来被汉武使唐蒙所杀，死后成竹神，土人立庙为祠，每年都要拜祭迎送，否则就会为患），看到夕阳西下，青山渺渺，竹神庙前，笛声悠扬，似乎感受到了，一千年前的那个男人，那种境界之美——

竹郎庙

竹郎庙前多古木，夕阳沉沉山更绿。
何处江村有笛声，声声尽是迎郎曲。

也试图在自然中寻求力量，寻求归宿，寻求那个男人曾经感受过的，安宁和谐，但毕竟不是陶渊明，在“何处江村有笛声，声声尽是迎郎曲”的安然之美中，她也不过是个遛遛腿的。因为那竹子赞歌所表露出的，并不是超脱后的“悠然见南山”，而是愤怒而自负的“那鉴雪霜姿”。

要记住，爱的反面不是恨，而是冷漠与淡然——因为还未“放下”，究竟，走不到自然深处去。

生命如歌，须踏板而行。

4. 何处归去？白居易？

这个世界总有机会向我们展示它的强大，也总有机会证明我们自己的软弱无力——看官们是否有过这样的体会：有些事情，你怎么努力也做不到；有些目标，你怎么奋斗都无法达成；有些人，你怎么争取，都无法获得……失败的阴影深入骨髓地伴随你，让你泄气、沮丧、偏激、歇斯底里甚至堕落——让你输不起。

历史上却有这样一个人，在回天无力的失败里“输”出了境界，“输”到了圆满——那个叫作白居易的诗人。

他跟薛涛的情郎元稹一样，同样生于“世敦儒业”的中小士族家庭，同样度过了刻苦攻读的少年时光，同样进京赶考，拜见当世名流顾况的时候，还发生过“调戏事件”——顾况看他年纪轻轻，开始没瞧得上，听说名叫“居易”，开玩笑说“长安米贵，居恐不易啊”，但是当他看到这位“居恐不易”居然吟出“离离原上草，一岁一枯荣。野火烧不尽，春风吹又生”这样的名句时，彻底震服了——中唐诗坛“真命天子”出现了。

然后，白居易轻易中举。贞元十八年（802 年），与元稹同举书判拔萃科，做了清望官的入门阶梯——秘书省校书郎。四年之后，又考上了“才识兼茂明于体用科”，授县尉……一步步走在仕途的康庄大道。很快，做到了左拾遗（谏官）。

他以为，自己大展宏图的机会来了，他热情洋溢地草拟诏书，参与国政，不畏权贵近臣，直言上书论事。这是一个封建士子的命定归宿，也是最高价值的体现，谁不想治国平天下而致君尧舜呢？可惜，没过几年，就跟元稹一样掉了下来。元和十年，武元衡遇刺，因他率先上疏请急捕凶手，被贬为江州（今江西九江）司马，那个时候，命运开始分岔。

元稹那时候，患上了斯德哥尔摩综合征，招情人薛涛来帮他调整方向继续再战。

白居易那时候，停住了追逐的脚步，拐了自己的生命方向。

他没有遇到薛涛这样能给他搭梯子的人，但是他却明智地认识到，自己不行——那条致君尧舜的路，自己真的不行。世俗的法则太过复杂，人事的沧桑太过匆匆，理想与现实之间仅凭他这样一个文人、诗人，是走不通的。白才子虽然不是现实里的成功者（如跟他同时代的裴度），但也不是完美主义、强迫症患者，明知必输也要撞墙——他拐弯了。

能看到未来的人，都是聪明人，最好的既然得不到，那就做好自己手里的——此后的仕途，白居士权当心不在焉的漫步，虽然他并没有完全脱离官场，一直在仕途上浮沉，但是官场已不再是他生命的重心，他注重美食，讲究养生，研究佛道，抒写诗歌，活得逍遥，活得快乐，活得小资。

小资是指“一种专属个人的浪漫思想，它原本独立于社会群体而存在。在当今这个年代却演变成一种社会文化现象……他们享受生活情调、生活品位，在这种情调与品味中，渗透着对生活和生命的一种感悟和理解，作为这种感悟和理解，它是高于现实法则的一种浪漫情趣。他们会努力将自己生活弄得有滋有味饶有韵致。”一句话，就是坐在厨房里，吃块饼干，也能品味出生命诗意的神仙 GGMM 们。

他们不关心政治：

白居易的一生，恰逢朝廷李牛党争激烈时期，这位逍遥散人虽然基本隶属牛党，但跟李党人士也交情不俗，他闲云野鹤般游走于朋党之间，并没有因为政治斗争而受太多牵连，正如叶梦得在《避暑录话》说的：“方大和、开成、会昌之间，天下变故，所更不一。元稹以废黜死，李文饶以谗嫉死。虽裴晋公犹怀疑畏，而牛僧孺、李宗闵皆不免万里之行。所谓李逢吉、令狐楚、李珏之徒，泛泛非素与游者，其冰炭低昂未尝有虚日，顾乐天所得岂不多哉！”

他们最爱享受生活乐趣：

白居易爱酒，自述“醉复饮，醒复吟，吟复饮，饮复醉，醉吟相仍，若循环然”。

他爱色，唐孟棨《本事诗·事感》中记载：“白尚书（居易）姬人樊素善歌，妓人小蛮善舞，尝为诗曰：樱桃樊素口，杨柳小蛮腰。”他自己也常常说：“小庭亦有月，小院亦有花。菱角执笙簧，谷儿抹琵琶。红绡信手舞，紫绡随意歌。左顾短红袖，右命小青娥……”

他享受，良辰美景时，雪朝月夕日，宾客盈门，喝酒、吟诗、操琴。家僮吹奏《霓裳羽衣》曲，家伎舞动《杨柳枝》，笙歌欢乐中，各自酩酊大醉……或者有时候野外游玩，车中放一琴一枕，车两边的竹竿悬两只酒壶，抱琴引酌，兴尽而返……

“先生安焉。家虽贫，不至寒馁；年虽老，未及昏耄。性嗜酒，耽琴，淫诗。凡酒徒、琴侣、诗客，多与之游。游之外，栖心释氏，通学小中大《乘》法。与嵩山僧如满为空门友，平泉客韦楚为山水友，彭城刘梦得为诗友，安定皇甫朗之为酒友，每一相见，欣然忘归。洛城内外六七十里间，凡观寺、丘墅有泉石花竹者，靡不游；人家有美酒、鸣琴者，靡不过；有图书、歌舞者，靡不观。自居守洛川及泊布衣家，以宴游召者，亦时时往。每良辰美景，或雪朝月夕，好事者相过，必为之先拂酒罍，次开诗箧。酒既酣，乃自援琴，操宫声，弄《秋思》一遍。若兴发，命家僮调法部丝竹，合奏《霓裳羽衣》一曲。若欢甚，又命小伎歌《杨柳枝》新词十数章。放杯自娱，酩酊而后已。往往乘兴，屦及邻，杖于乡，骑游都邑，肩舁适野，舁中置一琴一枕，陶、谢诗数卷，舁杆左右悬双壶酒，寻水望山，率情便去。抱琴引酌，兴尽而返。如此者凡十年。……”（《醉吟先生传》）

他也思考：

白居易并不是堕落在生活里颓废，而是追求“置怀齐宠辱，委顺随行此”的道家境界，寻求“回看世间苦，苦在求不得。我今无所求，庶离忧悲域”的佛教理想。到了晚年的时候，甚至“官秩三品分洛下，交游一半在僧中”，自称香山居士，俨然以佛门弟子自居。

兼济天下走不通，他就转身活出了自己。虽然这样的临阵脱逃，带着怯懦的回避，虽然内心当中，“不得志”依然是他无法摆脱的噩梦，可是生活滋润了他的身体，老庄给了他慰藉，佛祖给了他超脱——他也自由了。

薛涛是认识他的，甚至还是很好的朋友，这个男人，在她的爱情之战里跑过龙套，开解过她对元稹的执着，另外，他们还“同是天涯沦落人”——都是怎样努力也“得不到”的大输家。走向白居易，似乎更容易、更具有诱惑性——文艺女青年最容易小资呢！

其实，薛涛也不是没模仿过。她离开了造纸发达的作坊区，移居成都东郊的碧鸡坊，在各样美丽花草的环绕里，建起一座风雅独秀的吟诗楼，所谓“万里桥边女校书，枇杷花里闭门居”，每天侍弄花草，写诗作画，看日出日落，花开花谢——其实，她也不是没模仿过。

生命如歌，须踏板而行。

5. 何处归去？成仙？

鲁迅说，中国的一户人家，如果生了个男孩，抱出来给宾客看，说孩子能升官发财的一定有赏，说孩子必死的则一定受罚——我们常常觉得自己活在永远，死亡也很遥远，因此那个逼你面对真相的人，会讨嫌。可人必死，这是人生行走的背景音乐，伴随着岁月的增长，将越来越高亢，越来越响亮地提携着死神的踏板——你要死了。

薛涛五十多岁了，要死了。

于是，释迦牟尼离开皇宫，菩提树下证三生，庄子在妻子尸体前鼓盆而歌，老子化仙，秦始皇求长生，薛涛则想选择唐朝最时尚的法子——道教炼丹术。

炼丹术是中国古代的一种特殊方术，其内容非常复杂，核心目标是用人工方法制作既可以使人“长生不死”，又能用点金的神丹点化铜、铁等普通金属以转变为黄金和白银。由于中国古时有“成仙”的说法，所以炼丹术最先在中国诞生。炼丹家认为，人的肉体可以借助于某种神奇的药物而获得永生。

我们且看炼丹采用的“致命原料”：所谓五金八石三黄，五金为金、银、铜、铁、锡；三黄为硫黄、雄黄、雌黄；八石各说不一，一般指朱砂、矾石、硝石、云母、石英、石钟乳、赤石脂、黄丹。唐代时期，更兴盛起水银和铅……都是一等一的剧毒物质。

由此，在唐代可以列出一条长长的丹药受害者清单，有六位皇帝死于丹药，至于官僚士大夫，更是数不胜数，白居易诗云：“退之服硫黄，一病讫不痊。微之炼秋石，未老身溘然。杜子得丹诀，终日断腥膻。崔君夸药力，经冬不衣棉。或疾或暴夭，悉不过中年。”可是并不妨碍众人对“长生”的狂热，数不胜数的服毒者，上至皇亲国戚，下至贩夫走卒，都疯狂热爱着道士们的丹药——薛涛老了，在生命挽歌背后，那些“长生驻颜”“富贵多金”“喜美好色”“嗜酒贪饮”的仙界生活，她也向往的。所以，她穿道服，访道友，希望得到“高人”的指点：

送扶炼师

锦浦归舟巫峡云，绿波迢递雨纷纷。

山阴妙术人传久，也说将鹅与右军。

从高明的炼丹师（道士）那里回来的路上，绿波荡漾，小雨霏霏，终于得到一些求道秘诀，心里也满怀着丝丝兴奋。王羲之当年因为看中了道士养的鹅，被人家要求抄一部养生书来换取，那么她薛涛拿诗词换取的这些炼丹术，如果能置换成另外一种生命体，达到换骨轻身、遨游宇宙、“丹砂烧之成水银，积变又还成丹砂”的不死境界，也是值得的。

她也曾奢望。

很多人奇怪，李世民英明一世，秦始皇不世之功，这么现实主义的成功者、实践者，怎么会在晚年相信这些不可能亲眼所见的长生术？那是因为人都会变，死亡带来的恐惧，战胜了他们的现实理性，此时的薛涛亦然。人间无所寄托，便总要抓住点别的什么，神仙之路，也许是为未来铺垫出的一条异路。只是她究竟还带着些理智，在那欣喜里究竟泛起了自嘲，所谓炼丹成仙，也许不过心理安慰，而已。

隐居，心躁不安。人文，强求枉然。爱情，无路可走。不指望这个，还能指望什么呢？于无可进退之处，自我哄骗，也是一种生存智慧。

6. 打破

薛涛站在吟诗楼上，呆呆看着远处的霞云满天，人人皆谓她志气满足，众目睽睽里，她自是潇洒脱俗——而只有自己知道，“万里桥边女校书，枇杷花里闭门居。扫眉才子知多少，管领春风总不如”的背后，是无穷的寂寞与怅然，姿势美好，也仅仅只是姿势美好。

这个世界上，有多少人，终生都活在别人的口碑里？

先哲说过：“人生是一场表演，社会是一个舞台。人一生中的绝大多数时间都是在演戏，目的是赢得观众的认可乃至喝彩。”薛涛不是没有表演过，生存之伤里，她在韦皋面前扮演过绵羊，在武元衡面前扮演过狼，在快乐的欢场扮演过狐狸，复杂诡谲的幕府生涯里扮演豹子。角色扮演，她很在行，很自如，只是根本不同就在于，那个时候，她知道自己想要什么。她知道，那是戏。

现在，现在呢？

前台之上，风雅独秀的吟诗楼，花香阵阵，春风处处，抚琴高歌，余音袅袅。观众轰然，看起来，好美。

后台之内，孤寂默默，辗转反侧，而迷茫无措，陶渊明不是说很逍遥吗？古往今来的那些隐士达人不是说很舒服吗？曹七巧要拼尽牙根的力量压住迸发的情欲，薛涛要拼尽牙根的力量压住迸发的生命能量，而终于——

薛涛接到了一封信。

一首诗。

一个浪子。

一个矫情的表演神话，就被打破。

神秀说："身是菩提树，心如明镜台，时时勤拂拭，莫使惹尘埃。"

慧能说："菩提本无树，明镜亦非台。本来无一物，何假拂尘埃。"

佛说，不可说，不可说，一说就错……

7. 为什么不是你？

当杜牧，幼年的杜牧，当朝宰相杜佑的孙子，站在爷爷晚年开设的游园里时，看着歌伎满园的环红绿翠，看着各种奔跑、快乐、歌唱、打情骂俏与争风吃醋的风景，心里兴起的恐怕也是这样的感慨——

那个年代，歌伎们就是会说话的宠物，白居易可以用她们来换名马，甚至元稹在湖州的时候也曾跟白居易换过杭州歌伎玲珑，有诗“休遣玲珑唱我词，我词都是寄君诗。明朝又向江头别，月落潮生是甚时”为证；有个官僚买了个歌伎，让她出来见众人，有人看中了，想要借来玩玩，官僚推辞说，这个女人不是当歌伎的，而是做正经妾室的，别人才罢手；歌伎张好好因为善歌而名动一时，宣州沈述师纳来做妾，每次出席宴会都带着她，让她高歌助兴，结果玩了五年，厌了，她被像块破抹布一样扔在了长安街头，沦为卖酒妇人……

她们，是宠物，会说话的、供人玩弄的宠物，跟马、鹦鹉、瓷器没什么区别的宠物，主人再多的感情，也只是宠而已。谁曾想到呢？那是生命的一种范式，正如草坪上，猫们的大会，狗们的撒欢，如果你肯平视，它们就是人类。

那个时代，很少有男人把女人看作同类，甚至现在，很多男人眼里，爱的字典里仍不过是“宠”而已。但是杜牧，却是肯“敬”的。

他不是英雄韦皋，也不是才子元稹，虽然也风流在外，但是或许因为从小接触的姐姐妹妹太多，又或许也是自身的灵慧，虽然不能达到贾宝玉之“男人是泥做的，女儿是水做的”的高度，他却能带着一种慈悲，一种平等的慈悲——

他咏史，在“细腰宫里露桃新，脉脉无言度几春，至竟息亡缘底事？可怜金谷堕楼人”里，是息夫人被掠为他人妃子的无奈与悲哀；在“繁华事散逐香尘，流水无情草自春。日暮东风怨啼鸟，落花犹似坠楼人”里，是绿珠的无限悲凉；在“折戟沉沙铁未销，自将磨洗认前朝。东风不与周郎便，铜雀春深锁二乔”的三国感伤里，更是发出质疑——男人的权力游戏，与女人何干！（如果周瑜输了，妻子会成为曹操的妾室）。

他憧憬，想象着民女们在为恋人送别时的肝肠寸断，“多情却似总无情，唯觉樽前笑不成。蜡烛有心还惜别，替人垂泪到天明”，“鸳鸯帐里暖芙蓉，低泣关山几万重。明鉴半边钗一股，此生何处不相逢”的豪情爽怀……

他感怀，歌伎杜秋娘本为镇海节度使李锜的宠姬，以“劝君莫惜金缕衣，劝君惜取少年时；花开堪折直须折，莫待无花空折枝”诗句著称。后来李锜反叛，被镇压之后，秋娘作为罪臣家眷入宫，被宪宗看中获宠，几年之后，宪宗暴亡，她被派到皇子李凑身边做保姆。后因受政治斗争的牵连，被贬回家乡，生活窘迫，连一匹绢都要向邻人借。于是，他作“四朝三十载，似梦复疑非。潼关识旧吏，吏发已如丝。却唤吴江渡，舟人那得知。归来四邻改，茂苑草菲菲。清血洒不尽，仰天知问谁？”

《唐才子传》上说他“美容姿，好歌舞，风情颇张，不能自遏”。出身名门，少年才俊，唐人风流之际，青春暴走之时，一如元稹年轻时游戏花丛，他自己也说什么“男儿所在即为家，百镒黄金一朵花。借问春风何处好？绿杨深巷马头斜”。可是，谁知道呢？

他也曾“治乱兴亡之迹，财赋兵甲之事，地形之险易远近，古人之长短得失”（《上李中丞书》）。步入仕途后，也曾想“平生五色线，愿补舜衣裳”，注释过《孙子兵法》，被人称为“王佐之才”。可惜，一直夹在旷日持久的牛党之争中，做一个碌碌无为的小官吏，最高不过五品的“中书舍人”，连元稹都不如！

清血洒不尽，仰天知问谁？那些有才、有生命、有灵气却无法左右自己命运的女性们，不正是自己身负奇才却无法施展的反衬？所谓“十年一觉扬州梦，赢得青楼薄幸名”，不是夸耀，而是无可奈何的悲哀。

可是，他熟读历史，阅历丰富，在那同样的生命坎坷里，他也曾见过那地狱里走出来的强者——窦桂娘是一名小吏的女儿，因为貌美，被当时的淮西节度使李希烈抢去，走的时候安慰父亲不要哀伤，她一定会想办法灭贼。几年之后，她凭借姿色、才能取得了李希烈的信任，并在李希烈暴毙之后，想办法说服其属下陈光奇归顺朝廷，并趁未发丧之际，给朝廷传递消息……

杜牧说她“六尺男子，有禄位者，当希烈叛，与之上下者众矣，岂才力不足邪？盖义理苟至，虽一女子可以有成。”——他是敬佩的。

甚至，羡慕。

仰望星空太久了，他需要一把梯子，一把通往星空的梯子，而他找的方向，也恰好指向了感同身受的女性（同为弱势地位如何变强）。他写《窦列女传》，去木兰庙拜祭，无数往生里，他猜测着，推理着，质疑着，寻找着，然后，听到了薛涛的名字——官宦出身、韦皋宠姬、幕府幕僚、罚边、校书郎、薛涛笺、隐居……他很好奇，因为他知道大多数歌伎最后的归宿会是什么，也知道她们的精灵剔透和无可奈何，而那是怎样一种强大，让这个女子跳出了自己的命运螺旋？古往今来，全是悲剧，而这样一个女人，却演出了正剧。

于是，他写给她“静处知生乐，喧中见死夸。无多珪组累，终不负烟霞”的诗句，梯子怎么做，他不知道，薛涛此时的心境，他却懂。因此没有玩赏，没有调戏，繁华落尽，全是平和安宁，一生繁复，便要在此时此刻的尘埃落定里，踏歌而行。

薛涛泪流满面。

她费尽心机爱了十八年的那个男人，现在正拥着年轻貌美的才女刘采春开怀畅饮。即使偶尔的温情，也是欢场宠物的一种眷恋，他这辈子不肯承认她的作用，只肯把她定位为“珍贵”的阿狗阿猫马儿鹦鹉之流，哪怕她做了很多，等了很久，付出了很多……他也不肯，不愿，不要。

她给的梯子，人家不稀罕。但“无多珪组累，终不负烟霞”的这个男人，这个年轻的儿郎就这样轻巧懂了她，懂了她的苦，懂了她的强大，懂了她的尊贵——

为什么，不是你？

8. 也只能“不是”

这个故事，讲了很多年——

蜘蛛成精，几千年的修行岁月里，佛祖问：“世间最珍贵的是什么？”答：“‘得不到’和‘已失去’。”沉默，又过了很多荒芜岁月，再问：“世间最珍贵的是什么？”依然答曰：“得不到与已失去。”佛祖终于摇头，将它变成世间的一名叫作蛛儿的富家小姐，将它暗恋了1000年的甘露变成叫作甘鹿的男子，经过了一段宝黛式的爱情经历，本以为花好月圆的大结局，谁知甘鹿最终与长风公主结婚，蛛儿却被许配给了太子芝草。被命运折磨得痛不欲生的蛛儿，在奄奄一息于床上的时候，终于看到佛祖微笑：“甘露只是随风飘荡，而芝草却在寺前仰望了你3000年，爱了你3000年，你却不肯看一眼……”于是彻悟，世间最珍贵的，并非得不到与已失去，而是“现在能把握的幸福”。

这个故事专门讲给在爱与被爱里纠结的世间男女，让他们在“满目山河空望远，不如怜取眼前人”的自我安慰里，得到某些阿Q式的心理慰藉。可是，事已至此，又能如何？

是，薛涛在生杀里走出一条异路，从官妓做到了校书郎；是，那个时代，出过女皇武则天，出过年过半百的妇女与十几岁的小面首的浪漫泡沫；是，杜牧年少俊才，又热情不羁，虽然横亘着二十多岁的差距，未尝不会有场露水情缘。只是，薛涛不肯了。

武则天晚年的时候，依然宠幸张氏兄弟，她的年纪已经可以当张氏兄弟的祖母，然而他们之间的关系，依然是情人关系。

有些女人是不老的，很多时候，她们愿意从年轻男子身上，汲取青春的记忆与气息。

然而，薛涛却不肯了。

当然，她不是怕，而是合适的人，却非合适的时间。杜牧绝不可能给她一个归宿，生命不多余的岁月，再也不愿贡献给须臾之间的荷尔蒙燃烧，爱情之外还有很多事情要做。她老了，现在需要的是归属，那个真正让她走在青草地，安息下来的地方。

于是，月圆之夜，她写下“魄依钩样小，扇逐汉机团。细影将圆质，人间几处看。”（《月》）——钩一样的月牙儿，团圆扇式的满月，都好，都很好。

先哲说过，人一定有要容纳不完美的勇气，这样的遗憾，薛涛认了。

9. 回到正位

薛涛只能把杜牧挪一个位置，一个看起来最容易被世俗接受的位置——像段成式一样的位置。

这位少年是薛涛的晚辈，其父段文昌跟薛涛是多年好友，昨夜还是稚龄顽童，今日已长成翩翩少年——可能出身贵族，多少遗传了些许纨绔作风，热爱狩猎，段文昌望子成龙，父子之间像任何青春期家庭一样，矛盾甚大。

电影《向日葵》里有这样一个场景：调皮的儿子为了不再画画，骗父亲说自己“拉稀”而偷偷跑出去和小伙伴玩，事后被父亲发现，恶狠狠地惩罚了孩子，后来有一次，孩子真的肚子疼，父亲以为儿子又在耍心眼，死活不肯让他去厕所，最后孩子憋不住拉在了裤子上……

父亲的画家梦，严重地侵蚀了小顽童的天地，以至于在儿子以后的成长岁月里，父子俩的相处中充满了控制与反控制的斗争与仇恨。直到有一天，儿子的孩子出生，父亲送去了一盆寓意深刻的向日葵……

段成式没读过教育心理学，不过古人自有古人的高招，面对父亲的叽叽歪歪与横加干涉，他找机会把狩猎回来的雉兔分送幕府的幕僚们，每只动物附上详细的掌故传说，幕僚们不明其义，呈献给段文昌，段文昌终于明白，原来自己儿子其实是非常博学的。

旁观者清，薛涛是劝过的。

赠段校书

公子翩翩说校书，玉弓金勒紫绡裾。

玄成莫便骄名誉，文采风流定不如。

她把段成式比作了汉代韦玄成，韦玄成是西汉宰相韦贤少子，从小博学多才，仁爱贤能。父亲去世后，因为没有立遗嘱，很多幕僚就想推荐少子韦玄成继承官荫子嗣，可韦玄成假装有病坚决推辞。后来长子获罪，他才走上仕途，步步高升，最后列相封侯。

生子当为孙仲谋，虽然都是宰相，虽然儿子出息，但是父子毕竟各不相同，史称韦玄成“为相七年，守正持重不及父贤，而文采过之”。

父亲持重，儿子文采，风采各异，是每个父母经过一番折腾，必须明白的道理：孩子跟你，是不同的。

孩子跟你，是不同的，更何况，段成式这棵树也是自幼受段文昌的熏陶长成的——段文昌少年贫贱，为人“倜傥义气”，可惜日后发达以后，虽然政绩尚好，生活作风却不太及格——据说他们家的厨房就有几百个女婢听候差遣。段家讲究饮馔烹饪，厨房被称为炼珍堂，由任职四十年的老婢担任首席厨师，另外还从几百个女婢里层层选拔，严格挑选出九人来主勺。直到现在，民间还流传着一个“千张肉”的菜肴，菜色泽金黄，肉质松软，味道鲜香，肥而不腻，据说是段文昌回家省亲时，亲自改造所成……他不仅饮食讲究，“服饰玩好、歌童妓女，苟悦于心，无所爱惜”——典型的暴发户。

这样的家风，段家公子热爱狩猎就不稀奇了，只是他没有耽于游乐。在到处游历的过程里，在众人的八卦传奇里，段成式选择了自己的境界之门——博闻强记。

其后果然，于仕途上，他历任秘书省校书郎，吉州、处州、江州刺史，太长少卿。虽然也算得出将入相，大有出息，但仕途似乎不是他的人生重心，晚年他“以闲放自适”，“尤深于佛书”，终于找到了历史给他的那个位置——成为著名志怪小说家，创作志怪小说集《酉阳杂俎》。

这部能与蒲松龄的《聊斋志异》相提并论的书内容繁杂，自然现象、文籍典故、社会民情、地产资源、草木虫鱼、方术医药、佛家故事、中外文化、物产交流无所不包，有高力士脱靴的俏皮，也有武则天“览及‘蛾眉不肯让人，狐媚偏能惑主’，微笑而已。至‘一抔土未干，六尺之孤安在’，惊呼曰：‘宰相何得失如此人’”的栩栩如生。《四库全书总目纲要》评价其“自唐以来，推为小说之翘楚”，鲁迅更是对其高度评价，说它可以跟唐代的传奇小说“并驾齐驱”。

这就是属于他的位置，他的游历四方，他的博闻强记，他的阅历丰富，让他找到历史给他的位置。不是父亲段文昌期冀的，也不是别人希望的，更非世俗里认可，却是真正属于他自己的境界之门。

段文昌只懂了一半，知道自己儿子终于不是胡闹的纨绔子弟，但薛涛却懂了全部，那“公子翩翩”的劝诫，并不是对着这位随风少年，而是对着多年老友，一位父亲的心，和儿子的轻舞飞扬的梦。薛涛说，容纳，是一种智慧。

理解多样性，是一种智慧，薛涛这个另类了一辈子的女人，是懂的。所以作为长辈，她说话了，她知道历史会给予这位少年另外一个位置。只是，她也明白，世界再多样，也容不下她和杜牧，相隔三十多岁，这个男子将有更新的人生，因此咫尺之近，但也只能咫尺之远。

她回诗："双鱼底事到侬家，扑手新诗片片霞。唱到白苹洲畔曲，芙蓉空老蜀江花。"（《赠杜舍人》）

哭完了，一句"芙蓉空老蜀江花"，长辈晚辈，也就罢了。

10. 爱花如痴

寂寞的岁月啊，长长地缠住了她，百无聊赖里，新任节度使李德裕到访，吟诗楼前，他赠给这位女前辈一把花种——海棠花的种子，薛涛接过花种，抬头，惊喜，拜谢。这一生，爱花如梦，爱花如风，爱花如痴。

起初的起初，拼杀在男人堆里，甘愿挣脱了女性角色。但说句公道话，无论是从政还是作诗，与同时代的政坛精英、顶尖巨匠们相比，依然相差甚远，且不说政治家裴度的“功勋烂然”，也不说元稹、白居易的文采斐然，即使与相对较弱的刘禹锡比起来，依然有所差距——她不是武则天，不是李清照，杀出的，也不过尊严之道，未呈巅峰，未达极限，未至最高。她知道，她知道。

于是，她爱上了花，让这份失落飘落在异路上，因为性别的特异而得到应有的补偿，生活的点点滴滴里，女性特征反而被特异地显现出来——男人总是很少注意花花草草的。

薛涛因为男人不爱，“姿势”地爱着那些花花草草，在那“红开露脸误文君，司蒡芙蓉草绿云。造化大都排比巧，衣裳色泽总薰薰”的赞美里，在那“水荇斜牵绿藻浮，柳丝和叶卧清流。何时得向溪头赏，旋摘菱花旋泛舟”的情趣里，掩藏着一个女人骄傲而自卑的心，爱花，如梦。

然后，如风。

金灯花

阑边不见蘘蘘叶，砌下惟翻艳艳丛。

细视欲将何物比，晓霞初叠赤城宫。

金灯花：“深秋独茎直上，未分数枝，一簇五朵，正红色，光焰如金灯。”（《花境》）

花语：悲伤的回忆。

薛涛站在金灯花前，比衬男性的心理优势所生出来的爱花姿势，已经成了青春的嘲笑。她成熟，且独立，在渐行渐远的异路上走来走去，在那不着调的传统与异端两级里，在她挣扎着想回归的爱情战役里，她常常对着这些花儿草儿。这些盛极而衰的阿物，是归宿忧虑的寄托，也是她逃避现世的喘息……

后来的后来，当李德裕送给她罕见的海棠种子时，爱花，却是成痴。

张爱玲的寂寞，太难耐；隐士的路，走不通；小资的生活，过不了；爱情的奢望，更是梦幻的毒药。她也只剩下这个了，只剩下手里那种子，那唯一可以控制、可以保护的东西——那生命的一种另类存在——它们是活的，不仅仅作为薛涛的寄托物，它们自有独立存在的空间，在那微弱却生生不息的呐喊里，薛涛得到了一丝真正的抚慰。

据说，植物与人一样，其实也是有感情的。当处于睡眠状态的人高兴时，植物会竖起叶子，当人发抖的时候，植物也会瑟瑟发抖，当人哀伤的时候，枝叶也会垂下叶子。

当海棠花在成都种植成功，当这些生命在自己手里生机勃勃，当站立在成片的海棠花里遥望天空时，薛涛是否感到那些“良好”，那些“积极”，那些“乐观”？

有的。

“春教风景驻仙霞，水面鱼身总带花。人世不思灵卉异，竟将红缬染轻沙。”——彼时彼刻，她快乐过，真的。

11. 走出来，走出去

只有活生生的现实本身，才会让我们从梦幻里惊醒。

四世同堂与大宅门，安安分分、淡若平常的四合院，小姐、太太、仆人、丫鬟，然后，日军侵占，新秩序冲垮了男男女女，时代的洪流里，又哪里分得清你和我？

倾城之恋，白流苏，范柳原，相互算计的自私男女，却终于在香港沦陷的大时代里，握紧了彼此的手——“流苏拥被坐着，听着那悲凉的风。她确实知道浅水湾附近，灰砖砌的那一面墙，一定还屹然站在那里。风停了下来，像三条灰色的龙，蟠在墙头，月光中闪着银鳞。她仿佛做梦似的，又来到墙根下，迎面来了柳原，她终于遇见了柳原。……在这动荡的世界里，钱财、地产、天长地久的一切，全不可靠了。靠得住的只有她腔子里的这口气，还有睡在她身边的这个人。她突然爬到柳原身边，隔着他的棉被，拥抱着他。他从被窝里伸出手来握住她的手。他们把彼此看得透明透亮。仅仅是一刹那的彻底的谅解，然而这一刹那够他们在一起和谐地活个十年八年。”

大和三年（829 年），南诏袭成都。这是个谁也说不清的劫难：

在冠冕堂皇的大唐文案上，是一个不称职的节度使的诱因——当时四川节度使杜元颖因为不善军事，盘剥军饷，士兵们常常连基本装备都被克扣，于是就跑到南诏去为盗，抢人家的马和装甲，渐渐地，被南诏所利用，趁此时唐朝防御虚弱，大举进攻，直打到了成都家门口……

在南诏的文案上，则写着：新任国王龙晟"淫虐失道，弄栋节度使王嵯巅弑之"，嵯巅扶植了年仅 15 岁的龙晟弟为南诏第 9 代王，幼子继位，王权落入权臣王嵯巅的手里，嵯巅想寻觅军功以巩固权威，于是趁唐朝防备空虚之际，改变异牟寻以来与唐友好的政策，大军攻唐"邓、戍、巂三州，陷之，入成都……"

在后来学者的文案上，则是南诏"社会经济的跳跃性，决定了它固有的军事扩张性质"，加上"南诏统一后的经济、军事实力，使其与大唐帝国的冲突，乃成为势所必然之事"。（《中国历代方国政权》）

可是，对于普通民众呢？

"蛮留成都西郭十日，其始慰抚蜀人，市肆立堵。将行，乃大掠子女、百工数万人及珍货而去。蜀人恐惧，往往赴江，流尸塞江而下。嵯颠自为军殿，及大度水，嵯颠谓蜀人曰：'此南吾境也，听汝哭别乡国。'众皆恸哭，赴水死者以千计。自是南诏工巧埒于蜀中。"（《旧唐书》）

一个小把戏，一句话，就能让无数生灵投江而亡，就能让尸体堵塞了河水，就能改变千千万万人的命运，让人感觉浮生若梦——

这就是历史，主角们，在歌唱；和声们，却在哭泣。

而对于我们的女主角，则是在万里晴空下，坐在吟诗楼上继续飘飘欲仙时，突然“银瓶乍破水浆迸，铁骑突出刀枪鸣”——蓦然惊醒处，看到的是南诏兵初到，闹市还是闹市，人群还是人群，直到撤离，烧杀掳掠，大批的工匠艺人被掳走，大批财富被抢夺，大批女子被强夺……

只是幸好没有她，不知是躲避在幕府里，还是其他的藏身秘地，她躲过了那场劫难。可是她的作坊被毁了，她的工人们被掠走了，她的房子被洗劫一空，大劫难过后，一片一片的，是废墟，是尸体，是生灵涂炭的悲惨。

薛涛一步一步走在废墟上，走过废墟。夕阳都在哭泣，处处凄惨哀愁，飘荡着世界末日的气息。伴随着焚烧过后的尸臭，她一步一步向前去，瓦砾扎痛了她的脚，风尘染脏了她的裙，鲜血浸湿了她的笔和纸。只是她不再顾，一步一步，一步步，走下来，走出来，走过了，吟诗楼，花香处处，早春荡漾，她走出来，走出去，走过来……

走出，吟诗楼。

12. 我会两脚落地

老子说“绝圣弃知”、“绝巧弃利”。

庄子干脆大喊：“吾生也有涯，而知也无涯。以有涯随无涯，殆已；已而为知者，殆而已矣。”先贤不可追，而在无数往生的重叠里，我们能看出一些渺茫的反复——

人生境界，是过程里产生的归宿。

当薛涛还是一名官妓的时候，当她还没有高尚地把自己定位为封建士大夫时，她的灵魂，她的境界，她的知识，并不是嫁接的，不是移植的，而是从土里生长出来的，是自然的，是真实的，哪怕演戏，也是有自知之明的。可是当她模仿其他士大夫的出路，登上吟诗楼的时候，她却抹杀了那个真正的自我，作秀迷失，出不了戏的怅然……紧接着，南诏兵乱，薛涛走下了吟诗楼，那个像狼一样坚韧，像狐狸一样狡猾，偶尔也像豹子一样高贵的薛涛，灵魂归位。

我不知道风儿往哪个方向吹，但是，我会两脚落地。

薛涛再次去见李德裕，新任节度使，这位正要在四川励精图治的政治谋略家，没有吟诗对唱的风雅，也没有飘飘欲仙的作秀，更没有隐士高人的逃避。她双手一摊，问，李太尉，我能做什么？

我，前任官妓，前任幕府幕僚，在成都大半辈子的蜀人，我，薛涛。

李德裕踌躇满志，微微而笑：“知道韦太尉如何戍边？”

答曰：“下士，选兵，利器。”

于是，李德裕走遍山川城邑，问遍老将士卒，精简四千老弱病残，招募两千多青壮之士，精心训练而成精锐之师；淘汰掉华丽但不实用的兵器盔甲，另外从安定聘请能工巧匠，制造最精良的武器装备；在南诏到唐土的道路上修建城堡，驻扎大批兵力加以把守……

我能为你做什么？

“为什么每次调运军需都会死那么多士兵车夫？”

“盛夏粮到，运粮道上有毒瘴遍布……”

于是，一改从前线嘉州起运，到大渡河再分发的旧制，转用其他地方的粮食，并且从十月份即开始起运，盛夏之前便可即时到达，免去了运粮将士兵夫之苦。

我能为你做什么？

“蜀中治理……”

“很多人喜欢卖女儿做妾……”薛涛突然想起了自己十三岁时的故事。

于是，李节度使规定给人家做奴婢的，年十三岁以上的，可做三年，年十三以下的，可做五年，到期必须归还父母……

我能为你做什么？

“太尉，当年被掠南蛮掠走的那些人，为了不离开唐土沦为南诏之奴，纷纷投江而死，据说，当时的江水都被尸体塞满了……”薛涛静静地跟李德裕谈起这样的故事。

于是，李德裕遣使向南诏要人，“求其所俘工匠、得僧道、工巧四千余人，复归成都”。

当薛涛雇用的那些纸坊伙计工匠们，带着满身的疲惫与沧桑，重新站在薛涛面前时，薛涛突然明白了，放下了，也，知道了——

有时候，真的只是顺序问题。

13. 都是传奇

经过李德裕的精心治理，四方俱安，吐蕃维州守将悉怛全城降唐，李德裕派兵安抚。上报当朝时，却被宰相牛僧儒以“害怕破坏两边和平”的名义被拒，于是不得不遣悉怛降兵回吐蕃。

据说，就在那个边境的那时那刻，吐蕃当场剁掉了悉怛的四肢，百里之谷，充斥着地狱般的惨叫与降兵们的鲜血，悉怛最后的声音——“太尉误我”，这个声音，回荡在李德裕的脑海里很多年，很多很多年。不久，仕途因为这次悲剧而掉头——“帝亦悔之，即以兵部尚书召，俄拜中书门下平章事，封赞皇县伯”。皇帝的悔恨，让牛僧儒被贬，让李德裕入朝拜相。从此，中唐最著名的李牛党争拉开帷幕，这样一个本该理性而辽阔的男人，一个并不输于裴度的中唐名相，开始结朋党，开始陷入狭隘的“党同伐异”，开始掉进“非我族类，其心必异”的仇恨——只是因为，“太尉误我”这个声音在他脑海里回荡了很多年，很多很多年。

这已是另外一个故事了。

大和五年（831 年），元稹暴亡，孔雀，亦亡。

大和六年（832 年），薛涛逝世，于成都碧鸡坊。

宰相段文昌撰墓志铭，在她的墓前，亲笔写下“西川女校书薛涛洪度之墓”——多年君子之交，盖棺定论之时，他称一声“女校书”。

想当年，她的情人元稹说她“锦江滑腻峨嵋秀，生出文君与薛涛”——在他眼里，她是卓文君，私奔的那个卓文君。

想当年，她的同事王建说她“万里桥边女校书，枇杷花里闭门居。扫眉才子知多少，管领春风总不如”——在他眼里，她是高高在上且神秘传奇的女隐士。

她死后，朋友刘禹锡写诗悼念：“玉儿已逐金镮葬，翠羽先随秋草萎。唯见芙蓉含晓露，数行红泪滴清池。”（引用朱王与其宠姬玉儿的典故）——平辈处之，幕僚多年，但他眼里，她依然是韦皋的宠姬，英雄美人的传奇里，那最奇异的一只孔雀。

隐士白居易接到刘禹锡的手诗，提笔写下：“乃至‘金环’、‘翠羽’之凄韵，每吟数四，如清光在前，或复命酒延宾，与之同咏，不觉便醉便卧。”——他的眼里，那是同醉赏诗的一个朋友，不分性别的诗友。

唐人范摅在《云溪友议》里说：“西蜀乐籍有薛涛，能篇咏，饶词辩，元稹赠以诗。”——在他眼里，她是一名与元稹有绯闻的八卦女主角。

晚唐文人孙棨在《北里志序》里提起她说：“比常闻蜀妓薛涛之

才辩，必谓人过言……”——在他眼里，她是一名有才的妓女。

北宋王谠在《唐语林》里说她：“西蜀官妓曰薛涛者，辩慧知诗。”——在他眼里，她是一名聪明的官妓。

晚宋叶廷珪提起她：“妇人薛涛，成都倡妇也，以诗名当时……”——在他眼里，她是一名会写诗的娼妇。

在宋徽宗下令编撰的《宣和书谱》里，说薛涛“字无女子气，笔力峻激。其行书妙处，颇得王羲之法”——在他眼里，她是一名像男人的书法家。

元代诗人辛文房在《唐才子传》里说她：“薛涛，唐代女诗人。字洪度，长安人，成都乐妓也。”——在他眼里，她是一名唐代的女诗人。

明人屠隆在《考盘余事》里说“蜀妓薛洪度以纸为业”——在他眼里，她是一名会造纸的女商人。

明万历间徐㶿在《红雨楼题跋记》里说：“唐有天下三百年，妇人女子能诗者不过十数，娼妓诗最佳者薛洪度、关盼盼而已……近曹能始参藩西蜀，梓而行之。洪度诗五百首，此亦断硅残壁，非完璞也。”——在他眼里，她是一名很有诗才的妇人。

明人何宇度在《益部谈资》里说她“蜀笺古已有名，至唐而后盛，至薛涛而后精”——在他眼里，她是一名造纸大家。

明人胡震亨在《唐音癸签》里说她“工绝句，无雌声”——在他眼里，她是一名奇异的女才子。

清人江中在《经旧苑吊马守真文》里说："婉娈倚门之笑，绸缪鼓瑟之娱，谅非得已。在昔婕妤悼伤，文姬悲愤，蚓兹薄命，抑又下焉。嗟乎！天生此才，在于女子，百年千里，犹不可期，奈何种美如斯，而推辱之至于斯极哉！"——在他眼里，她是一名不幸沦落风尘的才女。

光绪年间的陈矩在《灵风草堂》的"题词"中说："冰丝鲛绮，巧丽清奇，本良家女，比竹调脂，劈波采霞，光彩离离，词坛酒垒，名重当时。"——在他眼里，她是一名传奇的奇女子。

民国时期，学者姜华说她"登峰造极的境地，质朴如白衣处女，亭亭独立，毫无俗态"——在他眼里，她是一名高明的女诗人。

20世纪初，张蓬舟先生登上成都望江楼，"邂逅"薛涛，"悯其人之坎坷，慕其词之秀美"，决定一生科研献于此——在他眼里，她是一名值得探索的复杂女性。

如今，有人说她是一名"克服身份焦虑的女权主义者"，有人说她是跟元稹搞"姐弟恋"的疯狂艺术家，有人说她是个被命运玩弄的可怜女子，有人说她是很有文艺范儿的诗女加美女，有人八卦她的绯闻，有人探究她的"妓女"身份，有人研究她的精神世界，有人吟唱她的诗歌……

不过，这已是别人的故事了。

14. 尾声

大和五年（831 年），筹边楼。

临终前一年，薛涛爬上筹边楼，在阁楼之中环视四壁，四边皆边疆地图——男人们的壮志雄心。她突然笑了——老妇人的微笑本是落花褶皱，让人看了要憔悴，此时的笑容却显出了不应有的亮色，似乎牵绊着某种记忆，让瞬息穿越了过往。于是她抬头，窗外层峦叠嶂，云压重城，楼高，风动，发飘，连成一片的，是生命断裂前的默哀，她想自己的一生，其实都是断裂的，是韦皋，也是元稹。只是，只是，走到最后，突然想起一个人——武元衡。

人这辈子，真正的归宿在哪里？

“麻衣如雪一枝梅，笑掩微妆入梦来。若到越溪逢越女，红莲池里白莲开。”生命最高尚的超越里，那个男人一身白衣，优雅站立于红色汪洋里，如风如电，如梦如幻……

侠之大者，为国为民。

薛涛明白了、找到了最高之处，她朗声大笑，拍手做歌：

“平临云鸟八窗秋，壮压西川四十州。诸将莫贪羌族马，最高层处见边头。”

风，呼啦啦吹过来，吹起万丈白发，吹起如花衰色，长长的衣袖，泱泱飘起，再也不顾身后那一顷一顷的万丈红尘！

主要参考文献

[1] 胡震亨. 唐音癸签 [M]. 上海：上海古籍出版社，1984.

[2] 李立朴. 中国历代名著全译丛书－唐才子传全译 [M]. 贵阳：贵州人民出版社，1994.

[3] 欧阳修，宋祁. 新唐书 [M]. 北京：中华书局，1975.

[4] 刘昫，等. 旧唐书 [M]. 北京：中华书局，1975.

[5] 王连文. 唐传奇 [M]. 合肥：黄山书社，2010.

[6] 申友良. 中国北方民族及其政权研究 [M]. 北京：中国民族大学出版社，1998.

[7] 刘恩义. 同心草：薛涛传奇 [M]. 成都：四川人民出版社，1997.

[8] 李治，薛涛，鱼玄机. 唐女诗人集三种 [M]. 陈文华，校注. 北京：中国古籍出版社，1984.

[9] 寇研. 大唐孔雀：薛涛和文青的中唐 [M]. 北京：北京大学出版社，2015.

[10] 张篷舟. 薛涛诗笺 [M]. 张大千，关山月，插图. 北京：人民文学出版社，1983.

[11] 薛涛. 薛涛诗 [M]. 北京：北京图书馆出版社，2002.

[12] 刘天文. 薛涛诗四家注评说 [M]. 成都：巴蜀书社，2004.

[13] 司马光. 资治通鉴 [M]. 北京：中华书局，2009.

[14] 张一心. 张爱玲与胡兰成 [M]. 哈尔滨：北方文艺出版社，2001.

[15] 元稹. 元稹集 [M]. 太原：山西古籍出版社，2005.

[16] 许总. 元稹与崔莺莺 [M]. 北京：中华书局，2004.
[17] 周相录. 元稹年谱新编 [M]. 上海：上海古籍出版社，2004.
[18] 吴伟斌. 元稹评传 [M]. 郑州：河南人民出版社，2008.
[19] 伟斌. 元稹全传 [M]. 长春：长春出版社，1998.
[20] 杨军，周相录. 元稹资料汇编（上下） [M]. 北京：高等教育出版社，2014.
[21] 元稹，等. 唐宋传奇 [M]. 北京：华夏出版社，2015.
[22] 傅璇琮. 李德裕年谱 [M]. 北京：中华书局，2013.
[23] 王小甫. 唐、吐蕃、大食政治关系史 [M]. 北京：北京大学出版社，1992.
[24] 白桂思，付建河. 吐蕃在中亚：中古早期吐蕃、突厥、大食、唐朝争夺史 [M]. 乌鲁木齐：新疆人民出版社，2012.
[25] 张云. 唐代吐蕃史与西北民族史研究 [M]. 北京：中国藏学出版社，2004.
[26] 才让. 吐蕃史稿 [M]. 兰州：甘肃人民出版社，2007.
[27] 今冶. 张爱玲小说 [M]. 杭州：浙江文艺出版社，2002.
[28] 缪钺. 杜牧传 [M]. 北京：人民文学出版社，1977.
[29] 缪钺. 杜牧诗选 [M]. 石家庄：河北教育出版社，1999.
[30] 顾学颉. 白居易集 [M]. 北京：中华书局，1979.
[31] 胡兰成. 今生今世 [M]. 北京：中国社会科学出版社，2003.
[32] 戴维·迈尔斯. 心理学 [M]. 北京：人民邮电出版社，2006.
[33] 理查德·格里格，菲利普·津巴多. 心理学与生活 [M]. 王垒，王甦，等译. 北京：人民邮电出版社，2003.
[34] 卞孝萱. 刘禹锡评传 [M]. 南京：南京大学出版社，1996.
[35] 海因茨·韦里克. 管理学 [M]. 北京：经济科学出版社，2004.